JN163014

花と草木の歳時記

甘糟幸子

CCCメディアハウス

花と草木の歳時記　目次

春

三月

四月

五月

夏

六月

七月

八月

秋

九月

十月

十一月

冬

春

三月

春の指標——キブシ

キブシは進行する春の指標だ。

冬が終りに近づくと、ほら、いつの間にか枯れ葉色の保護色に身をかくしながら、みの虫のように小さな房をぶら下げている。

近づいてきた春が冬を押しやるにつれ、枝に近いところから少しずつ蕾をふくらませ、黄色く色づきはじめる。そして、押したり押し戻されたり、何度かこぜりあいをした後、あるとき春はぐっと優勢になる。暖かな、気持ちのよい空気が地上を満たし、今日も、明日も変らずおだやかで、その次の日はもっと暖かい。すると、キブシは褐色の古いボロをくるりと脱ぎ捨てて、美しい花房の全身をあらわす。

このとき、春が始まる。

生れたばかりの春にふさわしく、キブシの花は冴えざえと青みがかっていて、黄色というよりは青磁色をしている。植物の専門の本を見ると、雌雄異株で、雌は黄色く雄は緑がかっていると書いてあるけれど、雌の花でも最初はどこか青っぽく、雄でも時がたてば黄色く熟す。

散歩道の崖の上でキブシは、細い枝を何本ものばし、髪飾りみたいな花房を垂らしている。早足で歩いて、少し汗ばみ、かすかな風が通り過ぎていくのを快く感じながら、頭上の花房を眺めると、この髪飾りもゆらりゆらりとゆれている。そのはるか上、山の中腹のあたりにも、キブシの花がゆれている。あんなに高い所にあるのに、この花がゆれる様子ははっきりと見える。

ひと枝折って壺に入れてみると、この花は野外で見たときとはたいそう印象が違っている。少女たちの髪飾りのようなにぎやかさが消え、しっとりと落着いている。品のいい美人が静かに座ってでもいるように、部屋の空気が落着いてしまう。

枝先には最初一センチにも満たない、小さな緑の先端が見えている。やがて、数日後には、開いて尖った先端をした楕円形の葉が三枚ずつ芽を出していること、枝の途中から、花の様子をうかがうようにして若葉の芽がではじめているのに気がつく。

花房は時とともに熟して、黄色く熟れてくる。若草色から黄色になり、やがてその黄色もあせてくる頃、朽ちだす前の花房をかくそうとするように若葉は艶のある濃い緑になり、急に四、五センチにのびてくる。

すると、ヤマザクラが咲き、ソメイヨシノの蕾がふくらんで、春は真っ盛りとなる。

私の迎春花――ギンヨウアカシア

中国では、レンギョウのことを迎春花と呼んでいる。春、わりに早い時期に花をつけるし、あの黄金色の花は、これから迎える春の日ざしの豊かさを人々に想像させるのかもしれない。

しかし、暖かい鎌倉ではレンギョウの頃には多くの花が咲きだしているし、樹木の多い土地柄のせいか、あまり目立つ花ではない。

迎春花という言葉で私が真っ先に思い浮かべるのは、極楽寺の山門の隣にある丈の高いミモザの花だ。黄金色の花が春の光をきらきらと浴びて、湧き立っているように見える。十数メートルも高いところで咲いているので、花の様子がよくわからない。図鑑を調べてみると、なんとミモザというのはオジギソウなどの草花で、樹木の名前ではないのだ。私たちが「ミモザ」と呼んでいるのは、正しくはギンヨウアカシアだった。ギンヨウとは銀葉、葉の色が銀色という意味だ。花がきらきら光るように見えたのも、この葉のおかげであるのかもしれない。

あの黄金色の花のことは今でもミモザと呼んでいる。俗名かもしれないけれど、そのほうがあの花に合っているような気がする。春がくる度に私たちは、「ミモザが咲いていましたよ」とか、「ミモザも咲いたことだし」とか話しあう。

ミモザの後を追うように桜が開く。

小さな花――フデリンドウ

秋の野の花はオミナエシ、ワレモコウ、キキョウなどと、どれも切り花にするだけの丈をもっているが、春早くに咲く花は、たいてい靴の先にかくれてしまうほど小さい。冬風に気兼ねしながら芽を出し、葉を開いたばかりでもう花をつけてしまうのだから小さいのは当り前なのだが、まだ枯れ草のおおっている野原を歩いていて小さな花にであうのは、特別うれしい。

春いちばんに咲くのはオオイヌノフグリで、どこにでも咲き、すぐに群生してしまう。小さな空色の玉をまき散らしたように見えるのは、どの花も春の日ざしを浴びようと空にむかって花びらを開いているからだ。

キュウリグサも、どこにでも生える草だが、私が知っている限り、いちばん小さな花びらをもっている。針の穴ほどの、空色をした五枚の花びらが合わさっていて、その中心に針の先でつついたほどの茶色の斑点がついている。

キュウリグサは昔はタビラコとも呼ばれていたが、現在タビラコと呼ばれているのは春の七草にホトケノザとして入っている黄色い平凡な花を咲かせるキク科の草で、今、ホトケノザと呼ばれているのは、対生する葉が仏の蓮華座を思わせるように重なっているシソ科の草である。ホトケノザは春早くに、上段の葉のつけ根に濃い紅色の花の先端をのぞかせる。小さな赤い点でしかないのだが、まだ灰色の景色の中では、鮮烈に見える。やがて春が盛りになると、唇形の花が細い筒状に押しだされてくるが、あの濃い紅は薄いピンクに変ってしまって、どこか間の抜けた花になっていてがっかりさせられる。

キランソウは春の彼岸の頃に、濃い藍色の花をつける。別名は地獄の釜の蓋、地を這うようにのびていくこの草は、蓋というより、釜の蓋を押えつけている毛むくじゃらの手を思わせる。青い血管の通う毛むくじゃらの手をひろげて、くずれやすい斜面や畑のあぜなどを押えつけている。

フデリンドウを裏山で初めて見たのは、とてもよく晴れた日のことだった。急な斜面を土の匂いを嗅ぐようにして登っていき、見晴らしのきく尾根道へ上がったら、目の前に光を砕いて、きらきらと盛りあがっている海があった。この輝きは空からの光を反射しているというのに、空は水色の絵の具をにじませたように淡く、薄くひろがっている。私は光の中へ両手をのばし、空へむかって背のびをした。すると、足もとの枯れ草の中で、空のかけらが光っているような気がした。のぞいてみると、秋に咲くあの壺形のリンドウの花が、小豆ほどに縮尺されて枯れ草の間にひっかかっている。

枯れ草をかきわけてみると、この花の下にはうろこ形の小さな葉をいっぱいつけた五センチほどの茎がついていて、その細い茎の先は土の中へとつながっていた。この小さな花が、乾いた尾根の土の中へ根をのばし、自分の力で地中から水を吸って生きている！

植物が地中に根を張り、水分を吸いあげるのは当り前のことなのだが、枯れ草の中でたった一輪咲いている花のあまりの小ささが、丘の上の私を不思議な気持ちにさせてしまう。下りてきながら、私は赤ん坊だった娘の泣き声を思い出す。彼女は生れて初めての便秘と戦っている。小さな柔らかな手を握りしめ、顔を真っ赤にさせて頑張っている。思いどおりにいかないのに焦れて二声三声泣き声をあげるのだが、すぐに気を取りなおして挑戦し、やがて泣き出し、また挑む。

まだ首のすわらない、ふにゃふにゃと柔らかい赤ん坊のくり返す挑戦は、生きようとする意志にあふれていて、母親になったばかりの私を感動させたのだった。

摘み草

土があるということは、植物が生えるということだろうか。ほんの小さな空き地ができると、前から土の中に種子が埋まっていたというように、必ず草や木の芽がでて葉をのばし、地面はしだいに緑でおおわれてしまう。屋根瓦の間やビルの屋根の割れ目からも草の芽はのび、花を咲かせ実をつけてしまう。まるで空気中には目に見えない種子がいっぱいつまっていて、絶えず地面に種子をこすりつけているみたいだ。

人間は鋤や鍬を使って土地を耕し、作物を植える。しかし、植物は自ら芽を出し、根を張り、葉を落としたり、実をまいたりして、大地を耕しているのかもしれない。枯れ草の下から草の芽がでて、いっせいに緑をあふれさせていく様子を見ていると、植物は人間以上にこの地球に対して強い意志をもっているような気がしてしまう。

芽立ちの頃の草はみずみずしく、見ているだけで気持ちがいい。そのうちのいくつかは柔らかく、おいしいので、私は春になるとそんな草を摘んでしまう。毎年摘んでいると、どんなところに何が生えているか、いつ頃摘めばよいか、自然に身について生活の習慣になってしまう。

心優しい友人に、花も咲かせないうちに摘んで食べてしまうなんて残酷だとは思わないか、と聞かれたことがあった。正直いって、ときにはふっとそんな気がすることがないわけではない。しかし、大地が動くようにいっせいに木や草が芽ぶくときには、摘むのにも食べるのにも、一種の共生感があるものだ。数少ない植物を大事に見守っている人にとっては、花は保護し咲かせてやるものかもしれないが、自然の圧倒的な勢いを見ていると、人間もその中で生きているだけのものだという気がする。万葉時代の若菜摘む人々も、草深い山村の村民たちも、摘み草を残酷だと感じることはないだろう。数少ない子供を掌中の珠のように育てている過保護な親のように、自然が残り少なくなると人間は植物を愛玩物視《ペット》してしまう。

摘み草のことを主にした本を続けて出したので、テレビやラジオで草の話をすることが多かった。なぜか局のアナウンサーという人は「道端の草を食べるなんて汚なくないですか」と質問する。私は芽ぶいたばかりの草や木のみずみずしさを思い浮かべては、おかしな質問だと思った。生れたばかりの赤ちゃんをみどり児というのはこの芽ぶくときの緑の清らかさをいうのだ。しかし放送局をでると、局のまわりにいじましく生えている草はたしかに薄汚れて、ほこりまみれである。こんな草しか目にしない人にとっては、道端の草は汚ないのかもしれない。

また、こんなに物の豊富な時代に手のかかる摘み草をなぜするのか、という質問もよく受けた。私がおいしいから、店で売っている栽培野菜にない味があるから、と答えると、おいしいのはどれかと質問される。タラの芽とかナンテンハギとか答えることはできるが、同じ名前のものをとりさえすればそれでよいとは限らない。野生の草や木は、生える場所や種子の違いによって大きな個体差ができてしまうし、おいしい時期というのはごく短い。場所と時をうまくねらわなくてはおいしい味を手に入れることはできない。神経をとぎすませ気を遣い、ようやく手に入れたにしては、もしかしたら、野の味は地味なものかもしれない。そんなに面倒な摘み草をなぜするのかと聞かれたら、おいしいからというよりは、面白いからと答えるべきかもしれない。面倒なのが楽しいのだ。耳をすませ、様子をうかがい、手をかけるのは、この季節に野の植物といっしょに呼吸をしているような気がするからだ。

❀三月のメモから

三月一日　　　　ジンチョウゲ

家から表通りへでるまでの道の中ほどにあるキブシが、やっと色づきはじめた。枝に近いほうから色づくので、房の先端はまだ少し干からびた茶色を残している。

庭ではジンチョウゲが咲きはじめた。蕾のうちは、この花は濃い赤紫色のかたまりに見えるが、最初の一つが開くと、このかたまりが小さな花の集まりであるのがわかる。小さな花の内側は白いので、一つだけ開いたところを遠くから眺めると、赤紫色のかたまりのひと隅がほころんでいるように見える。

やがて全部開くと、小さな美しい手まりのように見える。近寄って見ると、手まりのなかの小さな花は、白い四枚の花びらをそり返らせているのだが、植物の仕組みからいえば、これは萼《がく》で、ジンチョウゲには花びらがないのだそうだ。あんなに甘い香りを漂わせる花に優しい花びらがないのはおかしな気がする。花びらがないだけでなく、実もほとんどならない。この花は中国の原産、雌雄異株なのに、日本へはなぜか雄株しか入っていないので実がつかない。ごくまれにつく実は、赤くてコショウのように辛いそうである。

三月二日　　ヤブカンゾウ

朝、子供を学校へ出してしまってから、明日のお雛《ひな》祭りのための草摘みにひとりででかける。お雛祭りには、自分で摘んだヨモギの草餅とカンゾウの酢味噌和えだけは、毎年作りたいと思うのだが、カンゾウは寒い年には芽を出していないことがある。今日も月影地蔵のあたりでは、芽の先っぽも見えなかったが、ひとまわりして海辺に近い日当りのいい土手へいったら、もう七、八センチのびている。手ざわりもかたくて、あまりおいしそうではないので、もっと山寄りの日だまりを探す。やっと気に入ったのを一〇本ばかり摘んだ。

ヨモギは五センチ以上のびていて、育ちすぎだと思うが仕方がない。

三月三日　　ヨモギ

草餅を作った。やっぱり今年もヨモギの匂いがしない。少しはするけれど、昔のように強いヨモギの匂いはしない。いつ頃からかわからないが、都市周辺のヨモギは匂いのないものになってしまった。外来種と入れ替わってしまったのではないかという人もいるし、公害の故だという人もいるけれど、本当の理由はわからない。そのうえ、五、六センチもふさふさと茂ってしまっては、香りは少なくなるばかりだ。前に、私は雛祭りの頃、鎌倉のヨモギはまだ小さくてよれよれだと書いたことがあるが、もっともっと小さく、ほんの二、三センチほど芽を出したところのほうが香りが強くていいそうだ。

三月五日　シュンラン

大仏殿の裏から源氏山へ登っていくと、日当りのいい空き地の一面にオオイヌノフグリが咲いている。百輪ほど、いや、その二、三倍はあったかもしれない。この花が盛りになれば、食べられる草も多くなる。今日はカンゾウ、タンポポの若葉を紙袋にいっぱい摘む。タンポポは花茎がでてからでは苦くなる。まだ風の寒い時期に、枯れ草の間から少しずつ集めたようなものが柔らかくておいしい。そのままサラダにも使えるほどだが、暖かくなってからのものは、ゆでて一日中さらさなければ苦味が抜けない。

うれしいことに、尾根道を少し下った南側の斜面で、シュンランの花を一つ見つけた。うちの庭のシュンランはまだ蕾もでていないのに、あの薄い油紙のような膜質の包皮につつまれた花茎は七、八センチにものび、その先に緑色をおびた花が横向きについている。長い外側の三枚の花びらは蕚の変化したもので、外花被《がいかひ》と呼ばれ、内花被《ないかひ》と呼ばれる内側の三枚が花びらだが、中央の花びらは他の左右の花びらとは様子が違う。唇弁《しんべん》と呼ばれる舌にたとえられる花弁で、先っぽがそり返っている。その唇弁の真ん中に太い柱がある。おしべとめしべと一体となったもので、こういう形はランの特徴である。

この花にはかすかに香りがあるのだが、足場が悪くて顔を近づけて匂いをかぐわけにはいかない。だから、尾根道近くの人目につくところに残っていたのだろう。

三月六日　　アセビ

今朝ふっと気がついたら、いつの間にか庭のアセビが咲いていた。六、七ミリの長さの壺形の花が集まって房のように垂れ下がっている。花盛りには、枝に雪が積もっているように白いのだが、咲きはじめたばかりの今朝は、まだ花房全体が小糠《こぬか》色に染まっている。

去年の花房が、まだ黒いミイラのように枯れて残っているが、そんな枝には花房はついていない。一年交代ででも咲くのだろうか、本当に花の咲いている枝には古い花の残骸はないのだろうか、と身を乗りだして調べようとしたら、斜面だったので足をすべらせてしまった。あわててアセビの枝につかまると、枝が大きくゆれた。すると、花房はかさこそと意外に乾いた音を立てた。まるで造花がふれあうみたいな音なので、もう一度花だけゆすってみたが、やはりさらさらと乾いた音しかしない。さわってみると、花びらもかたくって、生きもののみずみずしさがない。なんだか、この花があまり好きでなくなってしまった。

三月七日　　スギナ

もう終りだから、とSさんがアンズの花を一枝と初もののツクシをひと握り届けてくださった。アンズの花は梅が終って桜や桃が咲くまでの間に、ちょうど花もその中間のような感じで咲く。桜の花びらに似た色をしていて、梅の形をしている。

ツクシはまだいじけたような小さなものだ。もう少し欲しくなって、うちの谷戸《やと》のツクシの様子を見にいった。小さな頭がでているか、前にでたのが立ち枯れしているかで、一本もちゃんとしたツクシは摘むことができなかった。ツクシは毎年、最初のうちはテスト用とでもいうように貧弱なものを少し出し、一度全部枯らしてから、ゆっくり間をとって、十分準備をしてから、太くてみずみずしいのを次々とのばしてくる。そしてツクシが終りになると、同じ地下茎からスギナの葉がのびてくる。スギナのように無性生殖をする植物は、種子のかわりに胞子と呼ぶ生殖細胞をもっているが、ツクシはスギナの胞子茎である。なぜか、茶色いツクシが、やがて緑色のスギナに育つと思っている人は多い。

キュウリグサの小さな花が草むらの中で点々と咲いていた。まだ丈三、四センチ。

三月十日　　　　ヨメナ

ジンチョウゲが盛り。花の香りは夜のほうが強いので、暗くなってから帰ってくるとあちこちの庭から甘い匂いがしてくる。この匂いがすれば春がきたわけで、今日は初めてヨメナとナンテンハギ、ツリガネニンジンの若葉を摘んだ。全部いっしょにして、おひたしにした。キブシは花盛りで、どこへいっても、黄色く熟れた花がゆらゆらとゆれて見える。

三月十三日　　　　ヒメウズ

若葉にうっすらとアズキ色のかかったフタバハギの新芽が摘み時である。家の奥の谷戸でざるにいっぱい摘んだ。

フタバハギの間に、ヒメウズの細い茎が小さな白い花をつけている。糸のように細い茎を、この時期の草花にしては珍しく十数センチも丈をのばしている。この細さでよく花や葉を支えられると驚いてしまう。下向きにひっそりついている花といい、オダマキに似た形の薄い葉がゆらゆらしているところといい、かぼそい繊細さがこの花の特色なのだが、根を掘ってみると意外にも長楕円形の太い塊茎がついている。

三月十四日　　キランソウ

摘み草にいく谷戸の土手にキランソウが地を這って枝をのばし、最初の花を一つだけつけた。乾いた土手の斜面で、濃い紫色の花だけが鮮やかな点みたいに見える。花は一センチあまりの唇形で、葉のわきのところについている。もう少し春が進めば、花は数コずつかたまって咲くだろう。土手のもっと高いところでは、タチツボスミレがもう数株花をつけている。先週、この花の咲いているのを見たという人がいたが、私の散歩道では今日初めて見つけた。

三月十五日　　コブシ

わが家の真向いの丘にある家でコブシがほぼ満開になっている。大きな木で、あふれるほどに大きな花がたくさんついているので、遠くから眺めていてもそのあたりが白くもやっているように見える。コブシは若葉がでる前に花をつけてしまうから、花の多さがいっそう目立つ。

うちの庭にはモクレンが二株あるが、モクレン、ハクモクレン、コブシはどれも長円形の大きな六枚の花びらをもっている。萼も三枚で互生する卵形の葉も似ているが、コブシは葉がでる前に花をつけてしまうし、モクレンは若葉といっしょに花をつける。コブシは花びらを平らに開いてしまうが、モクレンは先っぽを開くだけで、最後までラッパ形で花びらを散らしてしまう。ハクモクレンは平らに開くが花の下には葉をつけないし、コブシの花の下には小さな葉が一枚だけつく。うちの庭のモクレンは若葉をつけてきたが、花芽はまだかたく閉ざされたままである。そのかわりにアセビが花盛りで、やっと花が真っ白になった。

三月十七日　　　　　　レンギョウ

庭の隅にあるレンギョウに黄色い花がついていた。貧弱な株で、裸の枝に小さな黄色い花が点々とついているだけなので気がつかなかった。レンギョウは春らしく華やかな花といわれているが、ひとつひとつの花は一センチほどの小さなもの、もう少し株が大きくならなければ、美しく咲き乱れるという感じにはならないのかもしれない。濃い黄色い筒形の花の先も萼も、深く四つに裂けている。

散歩にでて、たんぼの残っている月影地蔵のあたりの谷戸を歩いていたら、タチツボスミレ、キュウリグサ、ヒメウズそれにカキドオシなど、春先の草花があちこちでいっせいに咲いている。

ヨメナ、カンゾウ、ヨモギは場所によっては、もうかたくなりすぎたものもあるが、ツクシはちょうどいい時期で、太くて勢いのいいのがでそろっている。紙袋一枚では入りきらないほどたくさん摘んでしまったが、家へ帰ってハカマをとるのがひと仕事である。

三月二十五日

ムラサキケマン

ムラサキケマンの花があちこちの草むらで咲きだした。つい先日まで丈が五センチもないような小さな花ばかりだったのに、この花は二、三〇センチものびている。それでも、まわりの雑草ものびてきたので、紫色の花は草むらに埋まるようにして咲いていることが多い。去年、この若葉をセリと間違えてたくさん届けてくださった方があった。漢名では紫菫《むらさきけまん》、「昔の中国では菫と芹とは同じ意味をもち、菫菜とはセリの類のこと」（『野草手帖』足田輝一著）というから、中国の人にもセリに似て見えたのかもしれない。私はむしろニンジンの葉に似ていると思うが、いずれにしても柔らかくって、おいしそうに見える。しかしこれは有毒植物で、多量に食べれば中毒を起こすのだから恐ろしい。

花の色は少し紅色をおびた紫色だが、木陰や日陰の草むらに咲いているせいだろうか。ちょっと透明感のある美しい色合いである。花は二センチほどの筒形の小花を穂のようにたくさんぶら下げている。よく見るとこの筒の先っぽは片方が唇状に開いていて、反対側は距《きょ》と呼ばれる突起がある。

先日この小花を一つだけ眺めればスミレに似ている、と教えてくださった方があったので、私もスミレの甘い蜜が、距と呼ばれる部分に入っていたことを思い出した。けれども形の印象だけでいえば、ホトケノザやタツナミソウのほうが似ている。ホトケノザは日当りのよい土手の上では唇状の赤い花をつけはじめた。

三月二十六日　ミツバアケビ

今日、裏山でミツバアケビの花を見つけた。なんともいえないいい色合いの濃いワインレッドの花は、長い花軸に雄花と雌花を別々につけている。軸の先っぽにちまちまとかたまって穂状についているのが雄花で、茎のもとの方に二、三コついている大きな花が雌花である。大きいといっても直径は二・五センチくらい、三枚の花びらに見えるのは萼で、この花には花びらはないのだそうだが、美しい趣のある花であることに変りはない。雌花は軸に直角に、つまり横向きに花をつけているが、雄花は下向きに下がっている。雄花も花びらはなく、萼片が三枚、おしべ六本、雌花はめしべが三本から六本ついている。

ミツバアケビは花だけでなく、柔らかい緑色の葉も木質のつるに映えて美しいものだ。へりに波状の鋸歯《きょし》の葉が三枚ずつついている。

五枚の楕円形の葉を掌状につけているアケビは、全体の印象がミツバアケビより地味な感じがする。葉の色もくすんでいるし、花は薄紫色で、ミツバアケビのような独特の色合いにはならない。これも雄花、雌花を一つの軸に別々につけ、花びらをもたないで、三枚の萼の内におしべ、めしべをそれぞれもっているが、よく見ると雌花はミツバアケビのように横向きに咲かず、雄花といっしょに下向きに垂れ下がっている。

秋になると上品な甘味のある実をつけるが、色濃く、美しい紫色の実はミツバアケビで、もう少し小さく、色も汚れているのがアケビだ。しかし熟して、白い中身をのぞかせるように口を開けていると、どちらでもいいから欲しくなってしまう。

アケビの花の下でシャガの花も咲きはじめた。シャガの群生する斜面の上でツクシが盛りで、その上に枝をのばしているヤマザクラの花が二つほころんでいる。

三月二十七日　　タラノキ

隣の幼稚園にあるソメイヨシノの花が五つ咲いた。いつもなら、咲きだせば一日か二日でぱっと開いてしまうのに、このところ天候不順なので、開きかけたまま足ぶみしているように見える。

桜の花の筋向いにあるタラノキがこぶしのような蕾を少し開いて、萼の間から二センチほど青い新芽をのぞかせている。

三月二十八日　　シキミ

庭の垣根に植えてあるヒサカキの枝に、気持ち悪いくらいたくさんの花がついている。直径五ミリくらいの壺形に見える小さな花は、よく見れば五弁の花びらが集まって葉柄のわきに二つくらいずつついているのだが、枝にぴったりとたくさんついているので、虫がたかったように見えてしまう。この花びらをむしってみると、めしべ一本だけもっている雌花の株、おしべを集めている雄花の株のほか、めしべとおしべを両方もっている両性花の株と三種類あるのも珍しい。

ヒサカキは姫サカキの意味で、神棚に飾るものとして知られている。横にはシキミが二本あるが、これは仏事の花として使われている。ちょうどこちらも小さな花をつけているが、黄色みをうっすらおびた白い花は、幅広の葉の間でひっそりと咲いている。細長い一二枚の花びらは特有の透明感があって、蠟細工のような感じがする。この花がやがて秋になると、有毒の種子をはじきだす実をつけることになるそうだが、花は清そな感じがして、とても毒のある植物には見えない。

三月二十九日　　　　　　オガタマノキ

快晴なので朝のうちに歩いてみる。極楽寺の山門の横でミモザ（ギンヨウアカシア）がきらきら輝いている。ネコヤナギやボケの花が家々の垣根の間で見える。

駅前でであった友人が、大塔宮《おおとうのみや》へオガタマノキを見にいくといっている。一度だけ見たことがあるが、白い花は三センチほどもあったろうか。モクレン科の花らしく、花びらと萼片で一二枚、花を上向きに咲かせていた。かすかにいい香りがしていた。

線路のわきでは、オランダミミナグサとホトケノザが咲きはじめている。

三月三十日　　　　オオバヤシャブシ

七里ヶ浜の住宅地を歩いていたら、空き地にオオバヤシャブシがあった。大きな木だったから、この宅地を造成する前から生えていたのだろう。裸の枝に太い花穂がついている。雄花の穂が弓なりにそり返ってついている。

褐色の去年の実がまだついている。三・五センチほどの大きな卵形の実で、表面は深い皺が寄ったようにでこぼこしている。ひと枝に一つずつ、枝の先っぽにこのよく目立つ実がぶら下がっているので、とてもにぎやかな感じがする。この木の枝をゆすったら、からからと派手な音をたてそうだ。やがて新芽がでてくる頃には古い実は落ち、雌花に新しい実ができる。

四月

桜の明かり――ヤマザクラ

桜の花が咲くと、周囲の空気が急に明るくなったような気がする。気がつくと地上は花盛りで、桃、コブシ、アセビ、アケビ、ボケ、レンギョウなどが咲き、草むらにはムラサキケマン、ハナダイコン、シャガ、それにスミレが咲き乱れている。

鎌倉のように山に囲まれた街では、まだ、山には自生する桜がたくさん残っている。山の桜は、花といっしょに枝先に若葉がでてくるので、遠くから眺めると、霞がかかったように美しい。若葉が緑色なのはオオシマザクラで、あめ色なのはヤマザクラだ。

桜の頃、私は二階の窓を開け放してひとりでお花見をしている。むかいの山はつい先日までくすんだ緑のかたまりだったのに、桜の花が咲いてしまうと、闇夜に明かりをともしたように急に花のあたりを間近に見せはじめる。山がせりだして近くへ寄ってきたような気になる。同時に、私は景色をとても高い所から眺めているような気になる。まわりの景色を眼下に見渡している。景色は俯瞰図になっている。こんな景色が子供の頃に見た絵本の中にあった。花咲爺さんだったろうか。いや、ほかの絵本でも、淡い色調の日本画で描かれた絵本には、こんな景色がいくつもあったのだ、と私は幼かった頃の絵本を思い出す。

子供の頃、桜の花を見るとなぜか不安になった。町中で見る桜はたいていソメイヨシノだが、花ばかりが枝先に群がって咲くこの花は、生命があふれだしているみたいで生々しすぎて恐ろしかったのだ。

今では、この花の下でであった人はよくいうものだ。

「あと何回、桜が見られるでしょう」。この花は空間を見渡させるばかりでなく、過ぎてきた昔から、行く末の時間まで、いっ気に見せてしまう。

スミレの群生——タチツボスミレ

桜の花見にでかけるもうひとつの楽しみは、「群生して」いるスミレを訪ねることである。日本のスミレは約百種もあるそうだが、私のうちのまわりで目につくのは、ほとんどがタチツボスミレで、ときにノジスミレにであう。

その他の、たとえば「スミレ」というこの花の仲間を代表するような名前をもった濃い紫色の美しい花や、よい匂いをほのかに漂わせているニオイスミレ、葉がコスモスの葉みたいに細く切れこんでいて白い花をつけるエイザンスミレなど、どれも植木鉢や花壇の中でしか眺めたことがない。

スミレはいろんな種類があるが、花はひと目見てわかる特徴をもっている。花びらは五枚で、二枚が上に並び、あとの二枚が左右にあり、あとの一枚はやや大きく下の中央につく。この下にある花びらは唇弁と呼ばれていて、その後ろの部分は、距と呼ばれる筒状の袋になっている。こういう花は長い花茎に横を向いてついていて、柄の途中には、小さな葉（包）が二枚ついている。私たちは部分の正確な名前など知らなくても、こういう形の小さな花を見ると、「あ、スミレの花！」とすぐにわかってしまう。あとは葉の形や花の色や花びらの特徴、托葉《たくよう》などでどんなスミレかを見分ける。

タチツボスミレは丸いハート形の葉をしている。葉は根元からだけでなく、茎の途中からもいくつもでてくるので、春の終りには丈高く茂ってくる。花はやや薄い紫色などと説明しながら、私は自分の知っているあちこちのタチツボスミレを思い浮かべる。この花は意外に繁殖力が強く、よく群生している。そして根を残して毎年芽を出し花を咲かせるので、私はどこにいけばこの花が群がって咲いているかを覚えてしまった。私の頭の中にはいわばスミレの地図ができているのだが、この地図の中では花の色は、ただの薄紫色ばかりではない。同じタチツボスミレでも、咲く場所によって花の色が少しずつ違っている。

たとえば、極楽寺の山あいにある小さな墓地の土手に咲くタチツボスミレは、いちばん淡い色調の薄紫で、私の目には青みがかっているようにさえ見える。その土手は、墓地を作るために山を削りとった後にできたもので、幅は二間足らず、高さは人間の背丈ほどしかない。あまり日のささない、この壁のような土手に、私の知っているうちでいちばん品のいいタチツボスミレが群がって咲いている。

極楽寺を鎌倉山の方へ進んだ谷戸に月影地蔵がある。この地蔵の前にある墓地の中ほどには、大きな桜が一〇本ほど並んでいる。どれもソメイヨシノで、この墓地の春は闇が降りてもぼんやり白く明かりが残っているような気がする。

この花の下を通って山裾の斜面にいきつくと、ここにはやや色の濃いタチツボスミレが咲いている。ナンテンハギやスイバ、タンポポ、ノビルなどの野草の間に、両手をひろげたほどの群れ、ひとまたぎするほどの群れ、二間にもなろうかと思うほどの幅広い群れなどが、日だまりの中にとぎれたり、つながったりしながら咲いている。

私の家の奥の谷戸にも、土手の上に五〇株ほどあったり、垣根の下の土どめの芝の間に二、三〇株残っていたり、点々と道端にひと株、ふた株と見かけたりする。

あるとき、東京から遊びにきた友人に、このスミレの群生を見せてあげたくなった。大きな手術をして遠くまで歩けない人なので、私は家の奥の谷戸と、西田幾多郎邸のある姥ヶ谷という隣の谷戸だけ案内した。ちょうど程よく暖かい日のことで、私たちは気持ちよくゆっくりと歩いて足もとのスミレやオオイヌノフグリやムラサキケマンを楽しんだ。

それから半年ほどして、私たちがこのときの話を他の友人にしていたときのことだった。彼女がこういった。「群生というと野原いっぱい、この部屋の何倍かスミレが咲いていると思うでしょ。でも、わずか畳一帖かそこらに、それでも一〇〇本近いスミレが咲いていたかしら――」

私は内心あっと思った。いわれてみれば、畳一枚にも満たない広さを群生というのはおおげさなのかもしれない。彼女は大陸で子供時代を過ごした人だった。春になるとアカザが中国の原野をどこまでもおおってしまう、という話を聞いたことがあった。群生という言葉の規模が違うのだ。スミレが密生しているとでもいうべきだったかもしれない。しかし、小さな山がひだのように谷戸を作っているところに住んでいて、残り少なくなった自然を眺めていると、数十本のスミレが群がって咲いているのは、やはり群生しているといいたくなってしまう。

松の花

庭の椅子に座ってぼんやりしていたら、かすかに風が吹き抜けていった。すると、目の前の松の枝から黄色い粉がパッと散った。空中に黄色い煙をまき散らした後、地面には特別の跡かたも残さずに消えてしまったが、煙というにしては濃く重い砂煙である。

今年も松の花が咲いているのだ。ひび割れた黒い樹皮につつまれた松の枝の先にも新しい芽がのびはじめていて、その下に茶色っぽい二センチほどの長細い花穂《かすい》が数コついている。これが雄花で粉袋をもっている。あの黄色い砂煙はこの粉袋からこぼれた花粉である。松の花粉は驚くほど量が多い。松の花穂がつきはじめた頃、枝をゆすってみたことがあるが、粉はわっとあふれるように飛んで、なんだか花粉でむせるような気がした。

雌花は新芽の先っぽにつく。小さな赤紫色の米粒のような花穂が数コついている。「松の木にも花が咲くの」と驚く人がいるが、どんな樹木にも必ず花は咲くし、だから実を結ぶ。ただ、こうした裸子植物の花は裸の胚珠がむき出しになっていて、花びらも萼もないから、花らしくは見えないだけなのだ。あんなにたくさんの花粉をふりまいて見せるのも、花らしい華やかさのかわりなのかもしれない。

米粒ほどの赤紫色の花穂はやがて実を結び、緑色の小さな実になり、やがて松かさに育つわけである。私の家には松の木が一〇本ほどある。海岸に近い土地の松はクロマツが多く、うちの庭にもクロマツの大きいのや小さいのがあるが、長い間私は家の庭では、松の実も松かさも見たことがなかった。庭木の松は形を整えるために、春のうちに植木屋さんが「緑かき」と称して新芽を摘んでしまうのだ。

去年は事情があって春先の手入れが遅れてしまった。梅雨に入ってから落とした新芽は三〇センチものび、松葉もかたくなっていた。春先なら手で折る新芽を鋏でやっと切り落とすと、新芽の先にはもう小指の先ほどの青い松の実ができていた。手にとって見ると、パイナップルをミニチュアにしたようなかたい実だった。そういえばパイナップルというのは、パイン（松）になるリンゴという意味で、もともとこの実に似ているからつけられた名前である。

私は初めて見る実が珍しくて、机の水差しに飾って毎日眺めていた。そして、ひと枝だけ新芽を切らないでおいてもらったら、今年の春の手入れでは、五センチほどに育っていた。相変らず石のようにかたかったけれど、やがてこの実もはじける。そして実が飛びだして、その後枯れて落ちてくるのが松ぼっくりだから、松ぼっくりを拾うまでには二年がかりである。早く育つものは早く老いるというが、種子をはぐくむまでの時間の長さからいっても、松が長命なのは当然かもしれない。

❀四月のメモから

四月二日　ノジスミレ

裏山の空き地にノジスミレが群生している。種子を誰かがまきでもしたように、今年急にふえてしまった。ノジスミレは細長いハート形の葉にも特色があるが、野にあるスミレの中ではいちばん濃い鮮やかな紫色の花をもっている。

ヤマザクラがやっと満開。柔らかな若葉の間で花が咲きこぼれている。ものの本には、ソメイヨシノが咲いてから、ヤマザクラやオオシマザクラが咲くように書いてあるものが多いが、うちのまわりの風景を見ていると、どちらにせよ日の当るところが早い。

四月三日　オオアラセイトウ

散歩の途中でよく寄る小さな墓地の土手に、あるときかなりたくさんのゴミが捨てられてしまった。垣根の古い竹や木の枝、枯れ草の束などで、汚ないというほどのものはなかったが、こぢんまりと整理された墓地ではやはり目ざわりだった。いつ頃からだったろうか。このゴミのあった土手にショカツサイがたくさん生え、紫色の美しい花を咲かせて、ゴミの山をかくしてしまった。

この花は種をまくと簡単に芽を出し、花を咲かせるというので、ある時期都会の花ゲリラたちが空き地に次々と種をまいてふやしたことがあったそうだ。この墓地の花を誰がまいたのかはわからないが、いま花盛りでとても美しい。一本で眺めても美しいし、たくさん群生しているのもみごとだ。四枚の花びらは優しく十字形に並び、真ん中に小さなツメをもっている。別の名はハナダイコンだが、私は大根というより柔らかな葉の感じや、十字形の花の優しさなど、菜の花に似ているような感じがする。この紫色も、菜の花の黄色の鮮やかさに匹敵する。

ショカツサイとは、『三国志演義』で有名な諸葛孔明が戦にいくとき、この花の種をもっていって先々で種をまき、芽のでたところを食べるようにしたからだそうだ。それならなおさら、食用になるところまで菜の花に似ているからムラサキナノハナとでもつければよいと思っていたら、もう一つ、ムラサキハナナという名前もあるそうだ。しかし、牧野富太郎氏はこれにオオアラセイトウという名前をつけていて、実際には今ではこんな呼び方をする人はいないのに、和名としてはこれが残っている。アラセイトウとはストックのことで、これも十字形の紅色の花をつけるが、こちらは名前だけでなく、花も最近は見かけることが少なくなってしまった。花にも流行があるのだろう。

花も美しいが、若葉も柔らかくってなかなかおいしい。ゆでておひたしにしたり、からし和えにしたり、油いためにしたりして食べていると、ショカツサイという名前もやはり悪くないような気がしてくる。

四月五日　　　ヤマブキ

ソメイヨシノもいよいよ満開。

裏山の斜面で、ヤマブキが一輪花をつけた。薄暗い木陰に緑色の細い茎を斜めにし、小さな花をひっそりとつけているだけなのに、はっと目にとまる鮮やかさと気品をもっている。薄い五弁の花びらは独特の濃い黄色で、この花から「山吹色」という言葉ができたのももっともだと思う。

少し遅れて八重咲きのヤマブキが咲きはじめるはずだが、この栽培種には、もうあの気品は感じられない。人間は美しさを倍加しようと、花びらをふやす工夫を重ねているが、この花に限らず、サザンカも桜も椿も、八重の花のほうが概してつまらない。目を二重にしたり、鼻を高くしたりする整形美人が、どこか不自然で、魅力がないようなものかもしれない。

太田道灌の話で有名な「七重八重花は咲けども山吹のみのひとつだになきぞ悲しき」という歌は八重咲きのヤマブキのことで、歌のとおり実は一つもつかない。

シャガ

四月六日

裏の崖一面にシャガが咲いている。

胡蝶花とも書くそうだが、薄紫色の四センチほどの花は小さな蝶が舞っているように見える。花をよく見ると、外側の三枚の花びらは靴べら形で先っぽが切れていて、内側に紫色のぼかし、さらに中心部が黄色くなっていて、平らに開いてそり返っている。内側の花びらは薄い紫のかかった白い細い花びらで、同じように開いている。花びらの軽くそり返ったような様子が、蝶の羽根を連想させるのではないだろうか。

アヤメ科の植物だから「葉は剣状で、右左にでて扁平」だが、他のアヤメの仲間より幅が広くて、光沢がある。湿った傾斜地を好むので、鎌倉ではお寺などに限らず、道端の崖地などにシャガの群生しているところが多い。花の頃はもちろんだが、この艶やかな葉を重ねあうように垂らしているだけでも美しい景色である。

四月七日　ハナカイドウ

うちの庭の小さな海棠が花をつけはじめたので、光則寺《こうそくじ》の海棠を見にいった。光則寺でもちょうど今が花盛りだった。この海棠は市の天然記念物に指定されている。樹高七メートルあまり、根元はひとかかえもある太さで、枝をうまく茂らせているので、花をつけたときの量感がすごい。薄紅色の花はあふれるようにたくさんついている。花は五弁、どれも半開きのままだが、五、六センチほどの長い柄の先に、花の重みで下向きにぶら下がっている。そのせいか、風もないのにゆらゆらとゆれているような微妙な感じがして、それもこの花の魅力である。

鎌倉では、みんなこの花を海棠と呼んでいるが、正しい和名はハナカイドウである。カイドウとだけいった場合は、別名実海棠、またはナガサキリンゴと呼ばれる種類を指す。実海棠は二センチほどの実がなるし、花は少し遅れて五月に咲く。鎌倉にあるのは、ほとんどハナカイドウで、実海棠で知られているのは妙隆寺《みょうりゅうじ》くらいである。

ハナカイドウもカイドウも中国原産で、もうひとつノカイドウという日本に自生する種類が九州にはあるそうだ。霧島では天然記念物になっているが、「山中の渓流の岸に生えるまれな落葉小高木」（『原色日本植物図鑑』保育社）で、白い小さな花をつける。まれに生えるなどと聞くと、爛漫たるハナカイドウをさておいて、一目見たくなってしまう。

カリン

四月八日

急な用事があって東京へでた。

電車の窓から外を眺めていると、遠く、近くに桜の花が咲いている。川崎へでて、多摩川へかかる少し手前のところで、線路にそって一面にツクシが生えていた。二、三間の間だろうか。割り箸でも一面にさしたように、ツクシばかりがびっしりと生えていた。休み時間らしい線路工事作業員の人が、草むらに座っていたが、あの人たちはツクシを摘まないのだろうか、それとも、時期が遅くて頭はほうけてしまったのだろうか、としばらく気になってしまった。

山手線に乗りかえてからは、線路のわきの崖でヤマブキの黄色と、ショカツサイの紫色がよく目についた。しかしヤマブキは、林の中にあるときのように美しく感じられない。明るすぎる故だろうか。

恵比寿駅で降りて、東三丁目の友人の家へいく途中に簡易裁判所がある。大きなカリンの木があって、秋にいい香りのするカリンの実を落としているのを見たことがあったが、今日は薄紅色の美しい花をつけていた。カリンの花を見るのは生れて初めてなのだが、枝がしだれるように重なり、柔らかい薄緑色の若葉がでたばかりで、その間に小さな柔らかな紅色の明かりをともしたような花がついている。とても気持ちのいい様子で、急いでいたのだが、しばらく足をとめて眺めずにはいられなかった。

家へ帰ってから図鑑を調べると、淡紅色の花は五弁、若葉といっしょに花が咲く。バラ科のボケの仲間で、中国原産、平安期に日本に入ってきたそうだ。この花を見たとき、なぜか子供の頃絵本で見たことのある赤ん坊のなる木の話を思い出した。赤ちゃんの肌みたいに柔らかい感じが、あの絵本を思い出させたのかもしれない。そういえばあの話も中国の物語だ。もしかしたらカリンの花を見て、作者はあの話を思いついたのかもしれない。

四月十日　ヤマウド

来客があるので、タラの芽をざるにいっぱい落とし、奥の谷戸へヤマウドをとりにいった。タラの芽はちょっと大きくなりすぎたところだが、ヤマウドはまだ赤い芽を数センチのばしたばかりである。けれど、日のよく当る斜面で、落ち葉がたまっているようなところにあるヤマウドは、落ち葉と腐葉土を取り除けば一五センチほどものびている。こんなヤマウドは、柔らかく、甘く、いい香りがして、生味噌を少しつけて丸かじりするのがいちばんおいしい。

先日、フランス料理の店でアンディーブのサラダを食べたら、白くて、しゃきしゃきした感触で、ヤマウドから香りを抜いたような味だった。アンディーブは英語ではエンダイブ、ヨーロッパ全土で使われるが、ベルギー産のものが有名だ。日本では、「漂白チコリ」と呼ばれていたことがあって、アンディーブとチコリの呼び名はときどき混乱している。キク科の植物で、株を土の中に埋めて芽生えさせ、軟白化した芽先が独特の味である。ヤマウドも落ち葉をかぶっていたり、土に埋まっていたりするものは同じ状態なので、歯ざわりや味がよく似てくるのかもしれない。

栽培種のウドは、人工的に日をさえぎって軟白のまま育ててしまうが、ヤマウドはやがて二、三〇センチにも丈がのびると、かたくなって食べられない。しかし、芽先だけは天ぷらにする。これはタラの芽に姿も味もよく似ている。

アズキ菜もヨメナもまだ摘めなくはないが、先端の柔らかいところをうまく選ばなければならない。タチツボスミレやキュウリグサも丈がのび、残っている花も色がさめたように感じられる。こうして春はすばやく過ぎていくわけだ。新しく咲きだしたのは四つ葉に黄色い花をつけたカタバミ、これも黄色い花のヘビイチゴとタンポポ、ニンジンのような葉に白い花をひっそりつけたヤブジラミ、ヨメナに粗毛をつけたような葉に白い花のハルジオンなど。

四月十二日　ヘビイチゴ

裏山の土手の草むらにヘビイチゴの花がたくさん咲いている。数日前には奥の谷戸の道端でもいくつか見たばかりだ。黄色い花びらは五枚、直径が一センチちょっとの可愛い花だ。茎は地を這ってのび、節から葉と花の柄をのばしている。花の柄は案外に長くて、五、六センチはあるだろうか。葉の柄の方が少し短い。そのかわり柄のもとに小さな托葉《たくよう》がついている。葉は果物屋のイチゴ箱の底でたまに見るのと似ている。ぎざぎざのついた小葉が三枚ずつついている。

黄色い小さな花の下をよく見ると、萼は二重についていて、内側の萼は細く、外側の萼（副萼片）は幅が広く、花びらより大きいほどだ。萼とは「花びらという着物の上にはおる羽織のようなもの」と教えられたことがあるが、ヘビイチゴの仲間は羽織を重ねて着こんでいるわけである。

花が散った後、真っ赤なまん丸い実をつける。一センチほどの実で、表面にはゴマをまぶしたような小さな粒々が集まってついている。ヘビイチゴに限らず他のイチゴも同じであるが、植物学的に正確にいえばこの粒々が果実で、丸い球は花托《かたく》（花の台）のふくらんだものである。しかし、リンゴやナシも同じように肥大した花托なのだから、とりたてて珍しがるようなことではない。

ヘビイチゴという名前は、蛇という生き物が嫌われているだけに、なにかいまわしい感じがつきまとう。その故だろうか。私たちの子供の頃は、どの地方でもヘビイチゴは有毒だと教えられていたものだ。しかし、食用にするほどおいしくはないが、食べてもなんのさしつかえもない。

ひとまわり小さいヒメヘビイチゴ、小葉が五枚で、茎が斜めに立ちあがるオヘビイチゴ（雄ヘビイチゴ）には赤い実はならないが、ヤブヘビイチゴはヘビイチゴを葉も花も実もひとまわり大きくしたようなもので、赤い実は二センチにもなるものもある。しかし、これも食用にはならない。食べておいしいのはオランダイチゴの仲間で、野生のものでは、シロバナノヘビイチゴ（別名森イチゴ）がある。白い五弁の花は直径二センチほど、真っ赤に熟す果実も直径二センチほど、香りもよく甘味もあるそうだ。屋久島でよく見られるシロバナノヘビイチゴは、九州、本州の山地に生えているが、同じ仲間のノウゴウイチゴは、本州は島取県大山以北、北海道に多い。北型の野イチゴである。これも赤く熟して食べられるが、白い花は花びらと萼の変化したものを合わせて七、八枚、この仲間では花びらが多い。

四月十五日　タンポポ

裏山のノジスミレの咲いていた空き地は、タンポポの花で真っ黄色になった。ここは造成した土地ではないので、昔ながらのカントウタンポポが咲いていてもよさそうだと思うのだが、花をとって眺めてみると、花のもとにある包がそり返っている。包が花に寄りそうようにくっついているのが、在来種のカントウタンポポで、そり返っているのは帰化植物のセイヨウタンポポである。うちの谷戸の草むらにはカントウタンポポがまだ残っているが、この空き地は山の中腹を少し削って平らにしたところだし、自動車がよく登ってくるので、セイヨウタンポポの種が運ばれたのかもしれない。ここから山ひとつへだてた分譲住宅地のものは、セイヨウタンポポばかりだ。市街地にあるタンポポで在来種を見ることはほとんどなくなってしまった。

四月十九日　ナツグミ

散歩をしていたら、垣根のむこうでナツグミが小さな花をいっぱいにつけていた。クリーム色の四弁の花で、長い花柄をもっている。やがて夏になると、この柄の先に甘い赤い実がぶら下がる。子供の頃グミの実は、学校帰りの楽しみの一つだった。友人の家でもわけてもらったが、まわり道をして、垣根のそばのグミをそっととったりした。どこに大きなグミの木があるかよく研究していたのだったが、今の子供たちは、この小さな実からいちいち種を出すのが面倒くさいそうである。子供も怠け者になったものだ。

四月二十一日　　エビネ

庭の隅にある竹藪ではタケノコが数本生え、山ではいよいよヤマウドの芽がのびてきた。毎日、ウドをとりに近所の山を歩いていて、今日初めてエビネの花を見つけた。エビネは近年ブームなので、商売にこの花を掘り歩く人もあるそうだ。登り口から少ししか入っていないところに咲いているので、「まあ、よく無事で」といいたくなってしまう。

エビネの地下茎は節が多くて、ごつごつとこぶしをつなげたように横にのび、白く太いひげ根をたくさん生やしている。私の目にはどう見ても海老のようには見えないが、この節くれだったところが海老に似ているというので、エビネと呼ばれている。むしろ、私には花の色がエビ茶色に見えるのだが、これも図鑑によれば「通常紫褐色《しかっしょく》時に帯緑色」と説明されている。色の表現はともかく、この花の実物を一度見たことのある人は、たいてい名前を忘れないものだ。

まず、大きな長円形の葉が花の咲く頃には二、三枚束ねられるようにして立っている。新しくでてきた葉は柔らかく、ギボウシの葉を思わせるのだが、そのうち花も終り、夏に入ると葉はしだいにかたく、緑も濃くなってシュロの葉みたいな感じになってしまう。秋の終りになって、まわりの草が褐色に枯れた間に緑のまま残っているのは、かえって寒々しい感じがするものだ。だが、今は葉も柔らかく、美しくすっくとのびてきた花茎を抱いていて幸せそうに見える。

花茎は二〇センチほど、上の方に十コあまりの花をつけている。花がぶら下がって見えるので、この花を鈴に見立てて昔は鈴ふり草と呼んでいたそうだ。鈴のようにとはいっても、ラン科の花だから、花弁はシュンランなどと同じように萼の変化した外花被三枚、内花被三枚のうち一枚が唇弁で、おしべとめしべのくっついたしべ柱をもっている。エビネの唇弁は白くて中心部が少し紅色がかっている。深く三つに裂けていて、真ん中の裂片は先っぽがくぼんでいる。白い唇弁と、五枚のエビ茶色の花びらが重なりあうように見えるところが、この花を優雅に見せている。どちらか一色だけだったら、もっと寂しい花になったことだろう。

山の道や林でエビネを見つけたら、場所を覚えておいて春になる度に見にいく。海老状にのびた根下茎から新しい芽がでて、時がたつうちに花茎が何本もかたまってでてくるのはうれしいものだ。しかし、最近では商売人に掘られてしまうどころか、山や林がそっくり宅地に作りかえられてしまうことが多い。ゆっくりと株のふえるのを眺めているゆとりはなくなってしまった。

四月二十二日　　タブノキ

山の中腹に大きな根を張って、枝をわが家の庭へ廂《ひさし》のようにつきだしているタブノキに花が咲き昨日から散りはじめたので、うちの庭はタブの花で黄緑色に染まって見える。花の様子は、なにしろ一〇メートル以上もの高い枝の上で咲いているので、間近に観察することはできない。図鑑を何種類も開いてみるのだが、専門用語の並んだ文章からはイメージが湧かない。「花は両性、四月に咲き、花被片は六、狭長楕円形、六ミリ、黄緑色。雄ずいは九、第三列のものには腺がある。葯は四室」(『寺崎日本植物図譜』平凡社)。

下から眺めたところ、花は一〇センチ足らずの花軸が何本も枝を出して円錐状に小さな花をつけている。土の上に散らばった黄緑色の破片の中ではひょうたん状の子房《しぼう》らしきものが目立っている。どこを見ても花びららしいあでやかなものはないが、間もなくでてくるタブノキの新芽は透きとおるような淡紅色の若芽が束ねられて燃え立つように見える。花よりよほど美しい。

庭では松の枝から黄色い花粉が飛び、コマユミ、ヤマグワなどにも小さな花が咲いている。

四月二十四日　　サトザクラ

桜もハナカイドウも散ってしまった。と思う間もなく、もう八重桜が花盛りになった。八重桜を和名でサトザクラ(里桜)と呼んでいるのは、サトザクラは人間が改良して作った栽培種で、山野に自生するものがないからだろう。ふつうの桜は、五弁の花びらの間におしべが一本、そのまわりにめしべがたくさんついているが、八重桜はこのめしべを花びらに変化させたものだそうである。だから、八重桜には桜の実がつかない。

極楽寺の境内にある「御車返し」という桜は、この八重の花と一重の花が、同じ枝先にいっしょに咲いているという珍しい種類である。八重は薄紅色、一重はオオシマザクラに似た白い花である。かなりの古木で、本堂の前に枝を大きくひろげている。「御車返し」という名前には、御所の前にこの八重一重の桜があって、この花を御車からごらんになったさる天皇が不思議に思って、通りすぎてから御車を返し眺めなおした、という話が伝わっている。

私もこの花の下へ立つと、毎度見ても不思議だと思うばかりだ。栽培種だとしても、神様でもない人間がどうやって作ったものだろうかなどと考えていて、美しいと思ったり、楽しんでゆっくり眺めたりしたことはあまりない。

境内では、ムベの花が散りはじめている。アケビの仲間だが、冬になっても葉を落とさないので、トキワアケビとも呼ぶ。花はアケビより白っぽくて地味だが、よい香りがする。花の咲くのはアケビよりひと月も遅いのに、実は同じように秋に実る。

四月二十七日　　ウラシマソウ

散歩にでて極楽寺近くの小さな墓地へいった。登り口にショカツサイがまだ咲き乱れている。墓石の間ではイタドリが紅色の若葉をひろげ、十数センチものびている。ヨメナもフタバハギも、もう手でさわってもざらつくほどにかたくなっているが、シオデの太いつるがのびてきた。つる先を摘んで、ゆでたり、天ぷらにして食べたりするのは、この時期の楽しみの一つだ。

山側の草むらの中にウラシマソウが咲いていた。暗い紫色の二〇センチもある筒の先が大きな舌のように開き、その中から太い円柱形の肉穂がにょっきりとのび、先は無気味なヒゲのように長くのびている。いかにも毒草らしい無気味な様子をしている。ウラシマソウは、このヒゲを浦島太郎の釣糸に見立ててつけられた名前だが、サトイモ科の天南星と呼ばれるこの仲間は、マムシグサとか、ミミガタテンナンショウとか、名前からして気味の悪いものが多い。いずれも花の外側は、独特の形をした大きな包につつまれている。この包が「仏焔包《ぶつえんほう》」と呼ばれているのも、ものものしく、仏というより地獄の炎を思わせる。

湿った土地に生えるので、鎌倉ではよくある植物である。私の家の裏庭にも二株あるのだが、草むらや藪のようなところにある故だろうか、山からとってきたのを花瓶に入れておくと、初めて見るという人が少なくない。

うちの近くにはウラシマソウが多いが、薄暗い林の中などではマムシグサにもよくであう。仏焔包につつまれた肉穂の先に、釣糸のようなヒゲはついていないし、包の先もウラシマソウほどは細長くのびていないが、同じようににごった紫色で、縦縞の入った大きな包が肉穂をつつんでいる。筒の先の広くなった部分が折れるようにしてのびているのがマムシの鎌首に見えるとも、茎をつつんだ葉柄のさやがマムシの肌に似ているともいわれる。

そのほかウラシマソウは葉柄が一本、小葉が十数コ掌状に集まっているし、マムシグサは葉柄が二本、やはり掌状の葉だが、小葉はもっとあっさりして数コのものもある。

仏焔包の下部がせり出して耳形に突起しているミミガタテンナンショウや、緑色の仏焔包をもつアオテンナンショウなどは、鎌倉では自生するものにであったことがない。夏の初めに、ほんの五、六センチの薄緑色の仏焔包を出してくるカラスビシャクも、同じサトイモ科の植物だ。

四月二十九日　　フタリシズカ

友人の家の庭でフタリシズカの花が咲いている。一昨年、いっしょに十二所《じゅうにそ》から番場ヶ谷《ばんばがやつ》を抜けたとき、杉林の中にあったのをひと株移植したものだ。杉林の下のような日陰の土地がよいというので、山寄りの藪の下に植えてある。

フタリシズカの卵形の七センチ以上もある大きな葉は対生《たいせい》で、角度を九〇度変えて二段にでて、その上に白い穂のような花をつけている。花穂は五センチほど。よく見るとこの穂は白い糸のようなおしべの集まりで、花びらも萼もない不完全な花である。しかし、このひっそりした感じを好む人もいて、フタリシズカより少し小型で花穂の一本しかでないヒトリシズカという名前は、薄幸の静御前をしのんでつけられたものだ。二つの花をくらべれば、ヒトリシズカの葉は対生の二組がくっついて、輪生しているようにでてくるので、花穂をつつむように見える。またヒトリシズカの花は、葉がまだ小さいうちにさっとでてしまうので、いっそう花が際立って見えるのだ。他の野の花のように、日を浴びてにぎやかに咲きみだれることがなく、たいてい薄暗い林の中にひっそり咲いている。静という名前にふさわしいとも思うし、この名前があるから地味なこの花が目にとまり大切にされるのだとも思う。

あるとき、友人が近所の山裾の雑草の間にフタリシズカらしいものがあるから見てほしいといってきた。いってみると、丈はまだ四〇センチほど、卵形で先の尖った葉が対生にでて、角度を変えて三段あり、上部に細長い穂が三本のびていた。なるほど、とびきり度の合わない眼鏡でもかけて、ぼんやりと草の外形だけを眺めればフタリシズカに似ていなくはない。花穂もフタリシズカでは二本だけではなく、三本も四本もでるものもあるのだ。しかし、この緑がかった穂は、もう少したてば薄紅色のごく小さな唇形の花を横向きにいっぱいつけるだろう。また茎には稜線がでていて断面を見ればにぶい四角になっているはずだし、葉のつけ根からはまた枝がのびてくるだろう。よく見ればもう芽がのびかかっている。と、細かい特徴を説明してから、「だからこの花はハエドクソウです」といったら、彼女はぷうっとふきだして、「なあんだ、つまらない」といった。名前に蝿とか毒とかついているだけで、こちらの草はぞんざいに扱われ、静などと優雅な名前をもった草は大事にされる。人間の世界でもこれに似たことがあるものだ。

五月

若葉の廂——イロハカエデ

木々の枝先に若葉があふれだすと、空気はしっとりと柔らかくなって、春先の砂ぼこりはいつの間にか消えている。

風薫る五月となって、この頃の空気には気持ちのいい匂いがしている。五月に咲くミカン、スイカズラ、ホオ、センダン、トベラ、バラなどは、濃い甘い匂いをもっているが、風が薫るのは花の故ではないと思う。花の香りのようにはっきりと、ほら、この甘い香り、というのはむずかしいが、もし目で示してよいものなら、重なりあった若葉が日の光を透かしている下へいって、あの香りですと教えたい。したたるような透明な緑がまわりの空気を染め、その間を渡ってくる風が若葉の香りと感触を集めてくる。

この季節に私は、いくつかのトンネルをくぐって歩くのが好きだ。鎌倉は入りくんだ小さな谷戸を抱えている街だから、山寄りには小さなトンネルでつながっている道が少なくない。

私の散歩道は、まず扇ヶ谷のはずれにある小さなトンネルからはじまる。大谷石をくり抜いただけのわずか一〇メートルほどのトンネルが二つ続く。トンネルを出たところにカエデが枝をのばしている。木洩れ日の下で見るカエデの美しさは特別だ。が、薄暗い穴の中を通り抜けた後ではいっそう目にしみる。

閑静な住宅街を少し歩くと、三つ目のトンネルに入る。ここは隧《ずい》道と名前がついているだけあって、高い積荷をしたトラックがゆうゆうと通るほどの高さもあり、幅も広いのだが、やはり自然石を掘り抜いただけのトンネルである。このトンネルの両側の入り口には、申し合わせたようにカエデが枝をのばしている。そこに立つと、頭上には若葉をつけた枝がいく重にも重なりあって、さまざまな濃淡を見せ、美しい模様を作っている。トンネルは、両端に美しい若葉の透かしの廂を出している。

トンネルをでたところで道は少し下り坂になり、左へ曲がっている。真っすぐ前ばかり見て歩いていくと、ふっと、正面の入り口が日の光を背負った緑の戸でふさがれているような気のすることがある。光はまばらな木立の横から、暗いトンネルの中へ流れこもうとしている。しかし、実際にはここを抜けるとまた若葉の透かしの廂が待っていて、道のわきに小さな林があるだけである。道はくねりながら下っていき、木立のむこうに洗濯物と赤ん坊の泣き声のする街が見える。

街へ入る手前の左側に山を掘り抜いた細いトンネルがある。山のむこうにある家へ通じる道である。幅の狭いトンネルは管《くだ》のように真っすぐ長くのびていて、歩いていくと空気が冷えてくるのがわかる。穴のむこうに緑色に染まった明かりが見え、薄暗い穴を冷たい風が吹き抜けていく。

黄泉の国へと歩いていくような気がするが、穴のむこう側の世界は魅力があって止まることができない。穴を抜けると、ここにもカエデの若葉が大きな天井を作っている。空は木々のむこうにほんの少ししか見えない。崖にはまだ花のつかないイワタバコが、あの大きな光る葉をびっしりと垂らしている。そのむこうに、もう動くことのない年代もののフォードが、車体の下を草の葉で埋めながら横たわっている。ここは誰の家だろうか。ときに感じる人の気配に無作法な侵入をとがめられるのを恐れながら、私はそこを動きたくない——。

いったい若葉の木洩れ日や、あの暗いトンネルになぜあんなに引きつけられるのだろう。植物がその生命を感じさせるとき、私は忘れていた懐かしい世界を、手さぐりしているような気持ちになってしまう。この小さな芽から若葉を出し、葉を茂らせ、花を咲かせ、やがて散ってはまたよみがえってくる生物は、私にとっていったい何なのだろうか。

マルバウツギと卯の花

五月になって気がつくのだが、鎌倉にはなんとマルバウツギの多いことだろう。どこへいっても、崖の上や山裾の藪の中からは、マルバウツギの白い花が咲きだしている。もしも、こんなにありふれている花が草の花だったら、雑草と呼ばれてみんなから引き抜かれてしまったかもしれない。

ウツギと名前につくものは多いが、ウツギは空木《うつぎ》、つまり枝や幹の中が空洞になっているものをいう。ハコネウツギやタニウツギなどはスイカズラ科の植物だし、マルバウツギ、バイカウツギ、ヒメウツギなどはユキノシタ科である。ウツギとだけ呼ぶのが別名卯《う》の花《はな》のことだが、なぜか鎌倉ではマルバウツギのことを卯の花と呼ぶ人が多い。

私はつい口を出して、卯の花はもっと花びらが大きく、真っ白いし、時期ももう少し遅い、これは正しくはマルバウツギと呼びます、などといってしまう。すると頑固な人がいて、「いや、これが卯の花です。この時期に降る雨を卯の花散らしというのはその故でしょう」とか、「正しくって何です。みんなが呼んでいるのが名前というものでしょう」などと憤然と主張する。

こんなときには、私は「正しくは」などといういい方はすぐひっこめてしまう。私は教師ではないから、こういう人を教育しなければならないわけではないし、植物の名前など、その花の存在をしっかり認識するための方便にすぎない、という気もする。自分で図鑑でも開いてより正しい知識を得たいと思うのでなければ、マルバウツギでも卯の花でもどちらでもよいのだ。

さて、その図鑑ふうにいえば、マルバウツギは「白い花が小枝の先に円錐状に集まって咲く。萼片五。花弁五は楕円形、長さ約六ミリ」（『寺崎日本植物図譜』）。ごく地味な花で、昼間は藪の中に埋まって目立たない。夕闇が降りはじめると、白い花は急に闇に浮かんでくっきりと見えてくる。

ある年のゴールデン・ウィークのことだが、夕方、坂の下の海岸側から霊仙山への道を登ったことがあった。山の中腹を斜めに拓いた長い道の崖には、この花が咲きそろっていた。いつもは自動車の立てる砂ぼこりで薄汚なく見えるこの坂道が、マルバウツギの白い花に飾られて、別な場所のように生き生きと美しかった。波の音も、自動車の音もはるかに下の方へと遠のいて、夕闇の中で白い花が静かに呼吸しているのが感じられるような気がした。あの夕方の坂道は今でも忘れることができない。

またマルバウツギは枝や葉の様子もいいものだ。細い枝が巧みな曲がり具合で茂っていて、卵形の数センチの長さの葉をつける。葉の緑は淡いし厚さも薄いので、透けるような軽い感じがして、小さな花とよく似合っている。

マルバウツギが長い花期を終る頃、ウツギが咲きだす。マルバウツギが黄色がかった小さな花弁をむき出して上にむけて開いているのに対し、ウツギは長くて白い花弁を釣鐘形に閉じるように集めている。花芯はかくされているから、花びらが目立って白く感じられるのだ。ウツギの花が咲いているところは、雪がかかってでもいるように白々と見える。やはりこれがウツギだ、マルバウツギとは鮮やかさが違うなどと驚くのだが、切り花にしてみると案外に冴えない。灰色をおびた葉が汚れて見えるし、枝ぶりがどれも真っすぐにしなっているものばかりで、面白味がない。

だから、野の花を折って生ける習慣のある人は、みんなマルバウツギが好きになってしまう。

朝の浜辺で――ハマヒルガオ

五月になると、早起きして一度は必ず浜辺を歩く。浜辺には、ハマヒルガオが淡紅色の美しい花を咲かせている。

ハマヒルガオは白い強い地下茎をもっているので、よく繁殖し、たいてい群生している。

花は四センチくらい、アサガオ形のごく地味な花だが、花筒が薄く、柔らかい故だろうか、群生して咲いているのに、どこかひっそりと優しげな様子をしている。

ヒルガオというくらいだから、一日じゅう咲いてはいるのだが、この花がいちばん美しいのは、明け方ではないだろうか。海はまだミルク色にかすんでいて、浜辺からはやっと朝もやが消えかかった頃、薄い紅色の花が見えてくる。あの淡さが朝もやに合っている。

ハマヒルガオの頃によく思い出すのは、グンバイヒルガオだ。グンバイとは、葉の形が行司のもつ軍配に似ているところからつけられたものだが、熱帯の植物なので、暖かい湘南地方にも自生しているものはない。三浦半島の海岸ではときどきこの植物が見られるが、種はなんと黒潮に乗って運ばれてきたものだ。せっかく芽を出しても花を咲かすこともできず、冬を越すこともできずに枯れてしまうが、翌年にはまた、別な種が潮に乗って流れついて芽を出す。種子はわずか七ミリほど、表面にも毛が密生していて水に浮きやすくできているが、生命とはなんと強いものだろう。

九州の南の海岸では、グンバイヒルガオが花をつけるそうだ。私はいつか、ここでは芽を出し、葉を茂らせるだけのこの植物の花を見に、南の島へいってみたいと思っている。たぶん、そのときも朝早く起きて、朝もやの晴れたばかりの浜辺でこの花にであうことだろう。

坂道の木——アメリカキササゲ

うちの庭に、子供たちが小さかった頃、「坂道の木」と呼んでいた松があった。樹齢は百年ほどだろうか。太い幹が手を使わないでも登れるくらいの角度で、坂道のように低く斜めにのびていた。そして、幹の先端を、ちょうど横になっている人がひじ枕をするように、Tの字に組んだ丸太のつっかえ棒がしてあった。これがなければ、子供たちが登らなくても樹木自身の重みで根を浮かして枯れてしまう。

この松の幹に、庭に放し飼いにしていたチャボが夕方、雛を何羽もつれて登ったことがあった。雛用の臨時の狭い巣箱より松の枝をねぐらに選んだのだ。親鳥は先頭になって登り、その後ろからまだ黄色い雛が一列になって歩いていった。上の方の水平になった枝に並んだときには、親鳥は外敵を防ぐためだろうか、列の後部につき、幹に近い場所に止まっていた。その日の真夜中のこと、親鳥のチャボはそれまで聞いたことのないような低い、悲し気な声で鳴きはじめた。低くひっぱるような声である。松の木の下へいって光を枝へむけると、闇の中に雛が体を寄せあうように並んでいて、その横にいる親鳥のむこうに白く浮かんでいるのは蛇の腹に違いなかった。青大将が木の上で生活することは知っていたが、玄関の前の、人間が毎日出入りする通り道の松に住んでいるとは思えなかった。雛の気配を察知して登ってきたのだろう。

夫が竹竿で蛇を追いはらった後で、私は松の幹につぶしたニンニクを塗っておいた。蛇は一度ねらった獲物に対しては執拗に攻撃をくり返す。今夜もまたやってくるかもしれなかったが、手の届かないところにいる雛を巣箱に戻すことはむずかしかったので、マムシよけ、と聞いたことのあるニンニクを塗ってみたのだった。本当に効いたかどうかはわからないが、その夜は蛇はあらわれなかった。後で植木屋さんに教えてもらったが、木の上に小鳥の巣のあるとき、蛇よけには、五センチ幅くらいのブリキを帽子のひさしみたいに平らにして木の幹をぐるりと囲っておけばよいそうだ。

坂道の木は、家を改築するために植えかえ、庭が狭くなったので、前のようにひじ枕で寝そべっているわけにはいかなくなってしまった。椅子の背にもたれかかっているくらいには傾いているが、もう子供も雛鳥も歩くように登ることはできない。しかし太い幹には、まだ子供たちの靴でこすれた跡がそのまま残っていて、ときどき懐かしい木登り風景を思い出させる。

八幡様の境内にある近代美術館の裏口にも、「坂道の木」ともいうべき大木がある。深い裂け目のいっぱい入った灰色の太い幹が地を這うようにのび、コンクリートの太いT字型の支えがしてある。この幹は坂道というより手頃なベンチを思わせるので、ちょっと腰をかけてみたくなる。私ひとりが、一度や二度腰かけても問題はないのだが、美術館を訪れる大勢の人がちょっと一回くらい、と座り心地を楽しんでいたら、樹木は傷んでしまうだろう。美術館では先まわりして、「樹木に登らないでください」と立札を出していた。立札の横に、「アメリカキササゲ」と樹木の名前を書いた札がある。

十年も前のことだが、私が初めてこの樹木にであった頃には、「梓」と漢字で一字だけ書いてあった。私は梓について特別調べることもなく、先の尖った広卵形の肉厚の大きな葉や、象の足のようなひび割れた幹、ゆったりと大きな乳白色の花、秋になると紐のように長く垂れる実などを気に入って、美術館の近くへいく度に梓の様子を見物にいった。

あるときふっと気がつくと、梓という名札がアメリカキササゲに変っている。勝手に改名してしまうとは何事だろう。そこで私は初めて図鑑を開いてみた。

アメリカキササゲとは、ノウゼンカズラ科の落葉の大木で、「葉には長い柄があり対生〜三輪生し、広卵形で長さ幅とも一〇〜三〇センチ、薄質で先端は急短尖形、基部は心形、……六〜七月ごろ、枝の先に大形の円錐花序を出し、径三〜五センチの大きい花を開く。花冠は漏斗状鐘形で五裂し、乳白色で内側に黄色二条のすじと紫褐色の斑点がある。果実は細長くやや扁平で長さ二三〜三〇センチあり……」(『寺崎日本植物図譜』)。

なるほど、特徴はぴったりと合っている。そこで、アズサをひいてみると、これはカバノキ科のミズメの別名で、葉は「卵状楕円形、……長さ四〜一〇センチ、幅三〜六センチ」というから、葉っぱだけとってもこの木のことではない。ミズメをなぜアズサと呼ぶかといえば、この木で作った弓を梓弓といったからだそうだ。なぜミズメの木で作った弓を梓弓といったかは、どの本にも書いてないので、私にもわからない。

美術館はアメリカキササゲをなぜ梓と間違えたのだろうと思いながら、いろんな本を調べていたら、キササゲのところに、中国名を梓樹としてあるものがあった。中国名をそのまま日本の植物の名前にしたものは少なくないから、中国ふうに梓と書いてしまったのだろう、と推測していたら、『牧野富太郎選集』にこう書いてあった。

「アズサはわが日本の特産で支那にはない。ゆえに古くからこれに当て用いている梓の字はこのアズサから取り除かねばならぬのである。……しからば梓とはどんな樹かというと、これはひとり支那のみに産する落葉喬木で、かのキササゲ（楸）と同属近縁の一種である。白色合弁の唇形花が穂をなして開き、後ちょうどキササゲのような長い莢の実を結ぶのである。……この梓は支那では木王といって百木の長ととうとび、梓より良い木は他にはないととなえている。それゆえ書物を板木に彫るを上梓といい、書物を発行するのを梓行と書くのである。」（『万葉集巻一の草木解釈』より）

まことに明快で歯切れがよろしいが、この文章の終りの部分はさらに勢いよくこう結んである。

「従来小野蘭山を初めとして日本の諸学者は梓をアカメガシワであると唱え、さらにこのアカメガシワをアズサだとなし、また学者によってはキササゲをアズサとなしているのはその妄断じつに笑うべしであるが、さらに驚くのはかの有名な『大言海』にアズサをキササゲあるいはアカメガシワとなして依然として旧説を掲げ、既にとく明らかになっているアズサの本物にいっこう触れていないことである。」

五月の末になると、美術館のアメリカキササゲは花盛りである。

❀五月のメモから

五月一日　　　フジ

庭のツツジが咲きそろった。最初に咲き出したヤマツツジは、朱色の小さな花をいくつか地面に落としはじめたが、オオムラサキは花盛り、白い大輪も、真ん中にぼかしのある種類も咲いてしまった。

裏山でも隣の山でもフジが花盛りで、タブノキや杉などにからまった野生のフジが、あちこちに藤波を作っている。鎌倉に住む前に見たフジは、庭園の藤棚ばかりだったが、山に自生しているフジの花を眺めた後では、花房ばかりがずらりと下がる藤棚は人工的すぎてつまらない。

今年は、裏山の手入れにきた植木屋さんから、蕾のついた太い藤つるを一本もらった。花瓶に入れて眺めていたら、何年もフジを眺めていたのに気がつかなかった花の様子を観察することができた。

フジの花房は、最初細長い円錐形の薄い膜の中に入っている。膜が脱げて、花房は薄緑色の小さな枝のような花柄を出す。そして、一日一日と、花柄の先の小さなかたまりがふくらみ、やっとマメ科らしい蕾になり、藤色に色づいて花になる。

五月二日　　アマドコロ

海辺の墓地にアマドコロが数十本も並んで花をつけている。七里ヶ浜へむかって、電車の線路ぞいの道を歩いていくと、山際の線路わきでもこの花が群がって咲いている。草の丈は一五センチくらいから三〇センチを超えるものまでいろいろ。いずれも茎を弓なりにしなわせて、薄緑色の美しい葉を先端までずらりとつけている。この葉がしなやかそうでしかも涼し気なのは、葉脈が笹の葉のように一方に流れてついているせいかもしれない。一センチほどの小さな白い筒状の花は、一、二コずつ葉のわきから下がる。花の先は少し緑色がかっていて、細長いスズランみたいで可愛らしい。

同じ時期に咲くナルコユリは、ずらりと下がった花を、稲田にくるスズメを追い払うための鳴子に見立てて、名前がつけられている。葉はナルコユリのほうが細長いが、花の形も弓なりの茎もよく似ているので、花のよくついたアマドコロはナルコユリと間違えやすい。区別するポイントは、アマドコロは茎に縦の稜線が入っていて角ばっていること、それでもよくわからなかったら、根を掘ってみればアマドコロはすんなりと横にのびる長い塊茎がついているし、ナルコユリは丸っこくかたまった根をいくつも横にくっつけている。

同じような花をもっているホウチャクソウは、茎が真っすぐ上にのびて枝分かれしているし、根はひげ根だから区別しやすい。

五月五日　ショウブ

菖蒲湯をたてた。

今年も近所の八百屋に予約して、一束のショウブを届けてもらった。緑の葉が折れたり、傷んだりしたショウブを買って菖蒲湯をたてるのは、七草のナズナをデパートで買ったり、お月見にビニールをかぶせた菓子屋のだんごを買うのと同じように、どこか間違っているような気がしてしまう。

鎌倉の今の家へ引っ越してきたとき、垣根の下の溝に黄色いショウブの花が一本咲いていた。私はこれで、自前の菖蒲湯がたてられるかと喜んだのだった。このときまで、菖蒲湯に使うのはハナショウブの葉っぱだとばかり思っていたのだ。

菖蒲湯に使うショウブはサトイモ科のショウブで、花といったら地味な黄緑色の棒のような穂がでるだけである。私の喜んだ黄色い花はアヤメ科のキショウブで、花もアヤメの花に似ている。ハナショウブ、カキツバタ、アヤメ、イチハツなどは、どれもアヤメ科の花で、大きな花びらが三枚だらりと垂れ下がり、その内側にも三枚のやや小さい花びらが見える。同じアヤメ科のシャガと同じように、六枚の花びらのうち外側の三枚は萼の変化したもの(外花被)、花びらを二つの包が束ねるようにして抱きかかえているなどと細かく特徴をあげるまでもなく、アヤメの花に似ているといえば、誰の頭にでも花の形は浮かんでくるだろう。

しかし、アヤメ科のそれぞれの花を見分けるのはちょっとむずかしい。簡単にいえば、菖蒲湯の頃咲いているのはたぶんアヤメだろう。花びらの基部が黄色くなり、細い紫色と白の線が入っている。ふつう花の色は紫色だが、白や紅色の栽培種もあるそうだ。

カキツバタとハナショウブの花はいっそう見分けにくい。葉を見ればハナショウブには真ん中が隆起して筋がはっきりと入っている。カキツバタのほうが少し早く咲き、ハナショウブは六月の花となるが、いずれも水辺や湿地の花である。

アヤメ科のこの花たちと、サトイモ科のショウブの葉は、一見たしかに似ている。しかしショウブには葉にも根にも強い香りがある。この香りがあるからこそ菖蒲湯が楽しくなるわけで、青い剣状の葉を入れればよいというものではない。またこの節句には、ショウブとヨモギを軒にさして魔よけにするという習慣があるが、これは菖蒲湯のように楽しくはないので、私の家でもほとんどやらない。

五月六日　　　キリ

裏山へ登りはじめたら、もうフジの花が落ち、道を薄紫色に染めている。一昨日、Mさんの藤棚の前で気がついたのだが、フジの花にもちゃんといい匂いがあるのだ。花が咲くまでは匂わなかったという、薄っすらとした花の匂いがあった。

裏山ではエビネ、ハルジオン、タンポポなどの草花が咲き、キリの花が咲いている。一〇メートル近い大木なのだが、斜面の途中にあるので、上へ登ると花を目の前で見ることができる。花は薄紫色の五、六センチの筒形をしていて、先っぽは五つに裂けている。枝の先っぽにこの花がつらなって円錐形の穂を作っている。この花の下にある幅の広いハート形の葉は、三〇センチもあるだろうか。

枝を広くのばしすべてに大ぶりで、見ていて気持ちのいいものだ。

五月七日　　　ヤマボウシ

連休が終って、やっと人の出が少なくなったので散歩にでる。あちこちの崖でマルバウツギが花盛り、ハナダイコンも残っている。ヤマボウシが成就院の山門の横で咲いている。白いひっそりとした花は、大ぶりな四枚の花びらが独特だが、実は、これは花びらでなく包の変化したもの。本当の花びらは、花の中心部にある丸い部分。仲間のハナミズキ（アメリカヤマボウシ）の紅色の花も、外側の四片は総包《そうほう》である。

五月十日　　ミズキ

あちこちの山の中でミズキの花が咲いている。岸へ押し寄せてくる波みたいに、白い花が横につらなり何段にも重なっている。ミズキは枝を水平に横へとのばし、花を葉の上に出して一面につけるので、遠くから見ると日本画の海辺の波頭みたいに見えるのだ。四片の花びらをもった花は、直径八ミリくらいで小さいが、たくさん集まって上が平らになるコデマリ形の花穂を作っている。

山のへりではマルバウツギが花盛りになっているし、トベラもシャリンバイ、ガマズミもツゲも、みな白い小さな花を寄せ集めたり、ひとつぼっつりとつけたりして咲いている。

五月十三日　　ニワゼキショウ

裏山のあたりから漂ってくるミカン科の花のいい匂いはハッサクだろうか。一昨日、裏山へ登ったときには、ニワゼキショウが空き地に数百本も咲いていたのに、このよい香りには気がつかないまま下りてきてしまった。ニワゼキショウは繁殖力が強く、芝生の中にでもよく咲くので、芝の花と思っている人がある。しかしアヤメ科の花で、薄紫色の星状の花は六弁で、一センチちょっと、線形の葉を左右に出して、花の下に包が二コあるところなど、立派にアヤメの仲間の特徴を備えている。小さいながら可愛い花だが、一日でしぼんでしまう。

坂道の日当りのいいところには黄色いカタバミの花が咲き、崖の下ではユキノシタが白い花びらを二枚、Vの字を逆さにしたような形につけている。見なれた花ではあるが、なんと変った形の花だろう。この形のせいで、散りかけて、花びらが二枚だけ残っているところだと子供の頃は思っていた。本当は花びら五枚、上の三枚はわずか三、四ミリの卵形で目立たない。下の方にある二枚の花びらが二センチ近くて白く細長いので目立っている。

五月十四日

ハコネウツギ

月影地蔵のある谷戸へいくと、山裾でハコネウツギが咲きだしている。

ハコネウツギは、灰色のよくしなう太い幹に何本も枝を出して茂らせ、筒形の三、四センチほどの長さの花を集めてつけるが、この花が最初は白、のちに紅色に変化するので、花盛りには紅白がまじって咲いている。

細いつるを這わせ、黄色と白の細い管のような花をつける花はスイカズラで、これも最初は白く咲きだし後で黄色く変るので、黄と白がまじっているように見える。漢名で金銀花というのは、白と黄を指したものだ。英語でスィート・ハニーというのは、匂いが甘い蜜みたいに濃厚だからだろう。

五月十五日　　　　　　ホオノキ

ホオノキのある家の横を通ったら、とてもいい匂いがした。春先にはあの大きな青い葉を五、六枚欲しいな、朴葉めしでも、朴葉ずしでも作れるのにとうらやましがっていたのだが、今日は大きな花にばかり目がいく。直径一五センチほど、平らに並んだ純白の花びらが九枚、真ん中に太い穂先のようなしべ柱を立てて上を向いて咲いている。

五月十七日　　　　　　ハナイカダ

奥の谷戸を少し登ったら、林の中でハナイカダの小さな木を見つけた。葉っぱの真ん中に小さな花が数コ咲いている。この木には雌雄の別があるが、やがて夏になると、雌株の葉の真ん中には七ミリほどの黒い実がついてしまう。この木を別名ママコノテというのは、継母が子供の手にこんなふうにお灸をすえたという想像からつけられたものだろう。ハナイカダという名は、葉をイカダに、実を船頭に見立てたもので、粋な名前である。

帰りに山裾でモミジイチゴをたくさんとった。モミジの葉のような形をしたこのイチゴの木は、刺が多くて扱いにくいが、黄色がかった橙色の実はぷちぷちしてとてもおいしい。あまりたくさんあるときにはとっていってあげようかと思うが、枝からはずしてしまうと、このイチゴはすぐだめになってしまう。枝からとってその場で食べなければならない。

五月二十日　イカリソウ

去年庭に植えたイカリソウが花をつけた。あまり元気のない花だが、ちゃんと錨の形をしている。宅地に造成するので、もう掘り返してしまうという山から移植したものだ。弱々しくでも、ここに錨を下ろしてくれたのがうれしい。

五月二十一日　タツナミソウ

鎌倉山から七里ヶ浜の住宅地へ下りてくる道ぞいの林のへりに、タツナミソウが咲いていた。淡い紫色の唇形の花を上向きかかげんにかかげ二列に並べている。この花の様子が、波が立ったときのように見えるというのだろうか。こんな小さい草花にも海の波を感じるのだから、日本人は昔から自然が好きな民族だったに違いない。

小さな草花といったが、今日見たタツナミソウは三〇センチほど。もっと季節が進めば、四〇センチにも達する大きなものもでてくるだろう。茎は角ばっていて、真横にむいてでる毛がびっちりついているし、葉にもたくさん毛がついている。二枚ずつ対生している葉は上の方も下の方も、ほぼ大きさが同じという行儀のよさだが、しかし花のわりには、全体の感じは洗練されたものではない。

山の道でこういうタツナミソウを見る度に、私は極楽寺の山寄りの家の土手に咲いている一〇センチほどのタツナミソウを思い出す。芝生の植えてある日当りのいい土手に、五月になると、一面この花が咲きそろうのだ。コバノタツナミソウかしらと眺めているのだが、花の色は白いので、栽培種のような気もする。道のむこうの高い土手なので、上から眺めているだけだが、群生して咲いているところは、本当に波立った感じがする。

山のタツナミソウもこの土手の花も、観客に向って立っている舞台俳優みたいに、みな一方に寄って花を咲かせている。

五月二十二日　　テリハノイバラ

街を歩いていると、あちこちの家の庭でバラの花が咲き乱れ、いい香りが流れてくる。うちの垣根でも、濃いピンクのつるバラが小さな花をたくさんつけている。近頃は園芸熱が盛んで、四季咲きのバラが人気があるそうだが、やはりバラは五月の花である。

海岸に面した山裾の崖地では、テリハノイバラが咲いている。長ったらしい名前だが、葉に艶があるから照り葉、野生だから野をいれる。刺のある植物を茨というが、また、バラそのものもイバラと呼ぶ。合わせると照り葉野いばらである。

テリハノイバラは、小指ほどのつるをのばして地上を這う。葉は羽状に七、八枚ずつついているが、最初は赤みのかかった緑色で、柔らかくのびている。やがて濃い緑になってしまうが、若いつる先の赤みがかった新芽とともにこの艶のある葉も、茎につく刺もなかなか美しい。花は直径三センチくらい、白い五枚の花びらをひろげた中に、黄色い細いおしべがたくさん集まっている。

大輪の八重咲きのバラの花も美しい。バラの花ほど生々しくすごい花はないと見とれてしまうし、つるバラの可愛らしさも好きだ。テリハノイバラのひっそりしているようで、白と黄色の鮮やかな花も劣らず美しい。五月はどこを歩いても楽しい。

海辺の崖地のハマボッスが、肉厚の小さな葉の間から白い花を咲かせている。

五月二十六日　　センダン

海辺でハマヒルガオの花が咲きはじめる。江ノ電に乗っていて、鵠沼のあたりで車窓からセンダンの花を見つけた。「双葉より芳し」という言葉はビャクダンの仲間で、この花のことではないが、大木の枝の先につく薄紫色の霞みたいな花はなかなか美しい。よく見ると、五弁の小さな花が集まって、濃く、淡く、紫色のかたまりをつくっている。小さな葉を葉柄をのばしてばらばらと枝先に集めているのも、涼し気で好きだ。

五月二十七日　　トベラ

トベラの花があちこちで咲いている。少し離れていると気がつかないが、花のそばを通るとふっといい香りがする。顔を近づけてみるとミカンの花に似た匂いだ。香りにも、遠くまで流れる匂いと、近くでしか匂わないものがあるのだろうか。花は白い小さな五弁の花で、一センチ少々だが、たくさん集まって咲くのでよく目につく。白い花はだんだん黄色に変っていき、やがて朽ちて緑色のビー玉ぐらいの果実ができる。秋が深くなると、この実が三つに裂け、赤い種子があらわれる。実が変身して二度あらわれるのもおもしろいし、赤い実も可愛くていいものだ。

この家に越してきた頃、庭のトベラに実がならないのを不満に思っていたら、この木は雌雄異株で、うちのトベラは雄株だった。雄花も雌花も同じ五枚の花びらと萼をもっていて、ちょっと見たところでは変りがない。よく見ると、雄花は五本のおしべがあり、雌花のめしべは一本だ。雄花にもめしべが、雌花にもおしべがついているが退化してしまっている。

トベラの葉は五、六センチの長楕円形、海岸のものらしく、厚い革質で光沢がある。面白い形で、へりが裏側にそり返っている様子に気がついたときには、水分が少ない故かと思ったが、梅雨のときでも、柔らかな若葉もみなそり返っている。

夏

六月

『高野聖』とアジサイ

雨雲が空をおおい、空気が水蒸気を含んで重くなると、アジサイの水色は急に鮮やかになる。私の家では夫が今年も『高野聖』を取り出した。この季節になると、『高野聖』を読みかえすのは、この十年来の彼の習慣である。

私は鏡花を読んだことはなかったが、この物語は、若い僧侶が飛驒から信州へ山越えしようとして山中に迷い込み、魔性の女の家に宿を借りる話だと聞いていた。僧侶が通り抜ける大森林には、馬の血を吸い尽くすような山蛭が鈴なりになっている樹があって、雨のように編笠をたたいて降ってくる。山道に横たわっている大蛇は頭も尻尾も草むらの中にかくれていて、通りすぎるのに五分もかかる――そして、この物語にでてくる紫陽花が鮮やかだと聞いたときから、私は樹々が茂りあって薄暗くなった急な斜面に、水色の玉のようなアジサイが咲き乱れている谷を想像していた。

深山ではないが、私の家の裏手にもアジサイで埋まってしまう山がある。半円状にえぐったような斜面には、丈の高い杉が多く、先端に茂っている枝が日の光をさえぎっている。日の光にさらされたアジサイほど気の毒なものはないが、昼なお暗いこの林では、アジサイは終日、自分の世界で息づいている。

山の上には、昔は人の住んでいた家があるが、今は山の登り口にある表門をしっかり閉じたままである。私は山の持ち主に「見回りを兼ねて」などと、もっともらしいいいわけをして、勝手にこの山に入らせてもらっている。ここで人と会うことはほとんどないが、そのかわりカラスがよく集まる。滝の流れのようにつらなって咲いているアジサイを前にして座っていると、私という人間のいることなど忘れたように、カラスは枝から枝へ飛び交っている。なぜか、漆黒の羽根とあの鳴き声は、この水色の花によく似合う。

どんな花でも、咲き乱れている花の下に立つと、日常の時間とは異なった流れの中へ入ったように感じるものだが、アジサイはまた、際立って非日常的な匂いをもっている。薄暗い林の中にぽっと咲いているところは、この湿った地中に霊というものがあるなら、霊が姿をかえているような気がする。だから白昼お化けがでることがないように、アジサイも日の光があまり似合わない。

この夏、私も初めて『高野聖』を読んでみたら、アジサイはたった一カ所で咲いているだけであった。山中の魔性の女の棲み家の庭にひと株だけあるのだが、月の光の中に青白く浮き上がる花は効果的だ。

『高野聖』が森林の魑《ち》魅《み》魍《もう》魎《りょう》を描いているのなら、アジサイはぜひともあらわれねばならない花である。

娑羅と菩提樹——ヒメシャラ、ナツツバキ、ボダイジュ

「ヒメシャラの花を見ましたよ」と聞いたのは、六月の初めのことだった。五月に登った天城の万二郎岳の尾根道では、この木の間を縫うように歩いていたのに、このすべすべした美しい幹をもった大木に花がつくことをなぜか想像したことがなかった。

ヒメシャラの花はほんの二、三センチの白い小さな花で、隣の町内の山を切り開いて新しく造成した住宅地の隅に、一本だけ植えられている。

図鑑を開いてヒメシャラの花を見ていたら、隣のページにナツツバキがのっていた。写真で見る限り、花はヒメシャラによく似ている。ツバキというよりサザンカを思わせる薄い花弁を五枚合わせているが、こちらは直径六、七センチもある大型で、花弁のふちに細かい鋸歯がついている。幹は、いずれもツバキ科の植物らしくすべすべと美しい樹皮で、真っすぐにのびている。くわしくいえばヒメシャラのほうが赤っぽく、ナツツバキのほうが灰色がかっていて、皮がはがれやすいようだ。

ナツツバキは明月院にもあるが、ここではシャラと呼ばれていた。なるほど、ヒメシャラの花や葉、樹木の丈までひとまわり大きくしたのがナツツバキだから、同じ仲間で、小さな種類につける「姫」という接頭語をとって、シャラと呼ぶのは通りやすい名前かもしれない。

シャラといえば、『平家物語』の冒頭で有名な「娑羅双樹」つまり、釈迦が涅槃《ねはん》に入るとき、その四方を囲んでいたという娑羅双樹の娑羅を国語辞典などで調べてみると、「しゃら」のこととでている。それで、ヒメシャラを大きくしたナツツバキを娑羅の樹だと思っている人が多い。しかし、娑羅はインドなどではごく普通にある樹木だが、熱帯樹であるから、日本では冬が過ごせないそうだ。「盛者必衰のことはりをあらはす」という花の色は淡い黄緑色、葉はヒメシャラやナツツバキに似ている。

極楽寺の本堂の裏には、ミモザやシキミ、桜など春早くに花をつける大樹が茂っているが、初夏に花をつけるのはボダイジュである。ボダイジュは、なぜか寺院によく植えられているので、釈迦がその下に座して悟りを開いた木と思われている。ところが、寺院で見られるのは、シナノキ科のボダイジュでインドには自生していない。釈迦が座したというボダイジュは、インドボダイジュと呼ぶクワ科イチジク属の樹木で、これも熱帯性のものだから、日本には自生するものは見られない。

日本にない植物だから、日本の図鑑にはインドボダイジュはのっていない。だから、これまで、釈迦の菩提樹は、「クワ科のインドボダイジュ」とだけしかわからなかったが、『仏典の植物』（満久崇麿著、八坂書房）には、写真つきでくわしい説明がでている。「この木は常緑で樹高約二十メートル、樹幹直径約一〜二メートルに達し、枝が四方にはって円滑な樹形をかたち作る。青緑色のきれいな葉の尖端が細長くのびた独特の形をしており、あたかも仏陀が衆生済度の手をさしのべているようである」。「イチジク属であるから食用イチジクと同じように花が花托につつみこまれて外部から見えない」。

釈迦とは関係がないが、シナノキ科のボダイジュも興味のある植物である。

まず、花の柄についた包は、細長い葉っぱのような形をしている。包は葉のつけ根から下がっているが、春早くには赤く花のように見える。秋になって、大木の上からその実が落ちてくるのを拾うと、包には葉脈もちゃんとついているので、葉っぱの真ん中に花がつき、実が結んだように見える。しかし、葉は先端の光ったハート形をしているし、花は白い小さな花である。

この実を集めて数珠を作ると聞いたことがあるが、直径は七～八ミリ、数珠にするとしたら、きゃしゃな数珠だろうか。

数珠はともかく、この木の皮はひと昔前までは、蓑《みの》や縄の材料として使われていた。若い木を切って水につけて腐らせ、繊維をとって蓑を織ったそうだ。化繊の発達した今日、同じように木の皮から自分の衣服を作る人がいたら、それこそ禅を行うようなものではないだろうか。

山百合の崖——梅雨どきの花々

アジサイの花の間を歩いていて、ふと気がつくといい匂いにつつまれている。アジサイのことをよく知らない人は、アジサイの匂いだと思うかもしれない。あの大柄の花を雨上がりなどに見ると、匂うようなといいたいような美しさがあるものだが、アジサイには、どの種類にもまったく香りはない。アジサイの花の間で匂っているのは、ヤマユリやホオやタイサンボクであろう。

ヤマユリはわが神奈川県の県花とされていて、昔は野や山に多く見られたものだった。しかし、住宅地が郊外にまでひろがってしまった今では、野生のヤマユリが生きつづけるのはむずかしいことになってしまった。住民がもし、申し合せなどして折らないようにしても、業者が大量に掘り起こしてしまう。そんなわけで、今ではヤマユリはお寺の境内や個人の庭、よほど手の届かない崖の上などでなければ咲きつづけることはできない。山を歩いていて小さなヤマユリにであったら、幸運な一日だったと思わねばならない。

私たちは、アジサイが色づきはじめると、「あの崖を見にいかなくちゃ」などといいあう。あの崖とは、江ノ電の山寄りの線路際に、一カ所だけくぼんだ場所があって、その下を少し削りとって駐車場などに使う空き地にしてあるのだが、そのまわりの急な斜面には、毎年数十本のヤマユリが咲きそろう。人間の手の届く高さは、ちょうど削りとった岩の部分なので、手をのばしてとることも、よじのぼっていくこともむずかしい。さらにこの土地の所有者であるI酒店の老夫婦は、この崖の向い側に店を出しているし、「山百合を折らないで下さい」という木札も立っている。

幸運なヤマユリは、松の木や藪の間で年ごとにふえている。この空き地が筒状に削られていて、匂いがこもる故だろうか。ユリの匂いは、ここではいっそう強く感じられる。

ヤマユリの下ではホタルブクロが、削りとった崖のふちのところや、崖の下などに咲いている。また崖のところどころにはシケシダが茂り、ヤブタビラコが貧弱な花をつけている。だが私は、ちょうどヤマユリの頃に咲くイワタバコが、ここにないのが残念でならない。

イワタバコは名前のとおり、湿気の多い岩や崖のようなところに、タバコの葉に似た大きな葉を垂らしている。崖に薄い羽毛をへばりつけるようにして根を張る。ときには二〇センチ以上にもなるような大きな葉を、薄い細い根でどうやって支えるのか不思議な気がしてならない。花は葉の根元から花茎をのばしている。ほんの二センチほどの星形の赤紫色の花には、ビロードのような光沢があって、暗い崖にこの花が咲いていると、美しい星のように見える。

イワタバコは深い山や、谷あいに多いものだが、鎌倉では、市街地のすぐ近くでも群生して咲いているところが少なくない。江ノ電の沿線など、海側の崖では自生しているものは見られないが、移植したもので崖をおおうほどにふえているところもある。鎌倉がイワタバコに適しているのは多湿の故だろうか、それとも緑がまだ十分に残っている故だろうか。

ヤマユリの香りもイワタバコの光沢も、六月の湿った空気の中で育てられたものだ。

❀六月のメモから

六月一日　　　ハリエンジュ

隣の町内に当る分譲地のメイン・ストリートは、アカシア通りと呼ばれている。今日、傘をさしてこの通りを歩いていたら、終りがけの花が石畳の上で雨に打たれていた。花は白いフジの花といった感じだが、本物のアカシアの花はネムの花を小さく白くしたような形で、冬に咲く。熱帯の植物で、日本では育ちにくいそうだ。アカシアと呼ばれているこの花は、ハリエンジュのことで、葉がアカシアに似ているので、ニセアカシアと呼ばれることもある。その葉のつけ根に一対の刺があるのでハリエンジュと呼ばれるわけだ。

北米原産の樹木だが、生長が早く葉の茂りも美しいところから、公園の木や街路樹として世界中にひろがっていった。日本でも、銀座をはじめ、この樹木を植えた街は多いが、どこでもアカシアという誤った名前で呼ばれてしまう。北原白秋の「この道」にでてくる「あかしやの花が咲いてる」という一節もニセアカシアのことだろうか。

花房は豊かで、品がよく好ましいが、私はほのかな匂いが特に好きだ。柔らかい緑の葉の間に、クリーム色の花が垂れ、いい匂いもするのだから、この並木を歩くのは楽しい。ついでにいえば、この一〇センチ以上にもなる花房は、さっとゆでで食べるとおいしいと教えてくれた人がいたが、私の経験では食べられるという程度で、特別おいしいというほどではない。

六月三日　アジサイ

庭の日本アジサイが美しく色づいた。裏庭の西洋アジサイは五分くらいだろうか。西洋アジサイは太い真っすぐのびる茎の上に、水色のほかに赤や紫などの大きな花をつける。日本アジサイは、水色の小さな花を細い茎の上に乗せる。雨が降ると、葉や花が吸った水分の重みにたえかねて、細い茎は頭を下げるように花を下げてしまう。西洋アジサイは、雨が降っても真っすぐ頭を上げているが、雨上がりの冴えざえとした美しさは、茎をしなわせていた日本アジサイのほうである。

六月四日　ドクダミ

江ノ電の由比ヶ浜寄りの線路ぎわの空き地にびっちり生えているドクダミが、今年も花をつけている。電車の窓からちらりちらりと眺めているうち、鉄さび色の葉が茂り、白い花が一輪、二輪と咲き、一面に花がひろがると梅雨に入るのである。

ドクダミは耳ざわりな名前をもっているうえに、葉や茎に青臭いいやな匂いをもっているので、あまり大切にはされない花のようである。しかし、この花は意外に美しいものだ。四枚の白い花びらが十字形に平らにきっちり並び、その中心に黄色い花穂が燈のように立っている。本当は白い花びらに見えるのは総包の変化したもの、この花には花びらも萼もなく、黄色い穂はおしべとめしべの裸の集まりにすぎない、などといいながら、こういう説明はなにか空々しい感じがする。花があり、美しい花びらに見えているものに、あれは何々の変化したものといちいち説明するのは白々しい。たぶん、花を私たちは観賞物として見る習慣があるから、花の機能より様子のほうが大切なのだろう。

ドクダミの花はひっそりとしているが、品がよく美しい。真っ白い十字もすっきりしていて、ハート形の葉によく合っている。

六月五日　　ホタルブクロ

散歩道のあちこちでホタルブクロが咲きだした。土手や道端の草むらに咲いているのは当然だが、石垣の割れ目からも芽をのばし、大きな花をゆらゆらさせている。この花は案外雑草のように強い花なのかもしれない。

花は白っぽいものから濃い紅色まで、四、五センチの釣鐘形で、薄い花弁を風船みたいにふくらませている。草の丈は咲きだした今は、まだ一五センチか二〇センチくらいのものが多く、この釣鐘が草の丈には不似合いに大きいように感じる。しかし夏が進むにつれ、丈が四、五〇センチもあるような大きな丈の草がふえ、釣鐘形の花を七つも八つもつけているのにであうようになると、咲きだした頃ちょっと重たげに、一つか二つの花を下げていた草のほうが、風情があってよかったような気がしてしまう。

この花の形の面白さに気をとられてしまうからだろうか。花の中までのぞいてみることは案外少ないようだが、よく見てみると、花の咲きはじめの頃はめしべは一本の太い棒なのだが、やがてめしべの先が三つに割れてくる。地方の子供たちには、棒状のめしべの花を男の花、割れてしまったほうを女の花といって、袋の中を見ないで当てっこする遊びがあったそうだが、どれも同じ花で、時期が違うだけだったわけである。

さらに時が進み、七月に入ると花が朽ちてしまうが、おしべが残っているその様子は、宇都宮貞子さんの『草木おぼえ書』に「袋が枯れ落ちて、雌蕊《しずい》の蠟燭を立てた燭台みたいな、五角形の萼ばかりが目立つ」と的確に描写されている。

子供たちはほかにも、この袋をぱちんと割って音をさせて遊んだり、塩でもんで食べたりしたそうだが、ホタルブクロという名前は、この中に子供たちがホタルを入れてもち歩いたからだといわれていた。本当なら想像するだに楽しい情景である。夏の夕闇の中で、ホタルの光を閉じこめたこの花が薄明るく光っていたら、どんなに美しいことだろう。しかし、この解説は案外に、名前を聞いた人の詩的な空想のような気がする。『草木おぼえ書』にも、山村の多くの人のこの花をめぐる記憶が語られているが、ホタルを入れたという人は一人もいない。

また、ホタルブクロは、別名チョウチンバナ、ツリガネソウ、アメフリバナ、ホタルバナなどと呼ばれているが、チョウチンバナとツリガネソウは、花の形をいったものだし、他の二つはその時期に咲く花というほどのことだ。ホタルの頃に咲く袋状の花という意味かもしれないし、さらに凝った人は、「火垂子袋」つまりちょうちんの意味という人もいる。いずれにしても、このゆったりとした袋のような花に人間はちょっと手を出したくなったり、空想をかきたてられたりするものらしい。

六月六日　　テイカカズラ

ホタルブクロがたくさん咲いている崖の上にテイカカズラが花をつけ、ときどきいい匂いを漂わせてくれる。

テイカカズラは常緑のつるになる木で、たいていほかの木にはりついてのび、高いところで花をつけている。下から見ると花は直径二センチちょっと、細い五弁の花びらが、おどるようにねじれて、いわば巴状に咲いているように見えるが、これは管状の花の先が五つに裂けているだけなのだ。

高い木の上に咲いていることが多かったので手にとって眺める機会がなかったが、今日は崖の上へよじのぼって花をとってみたら、管の部分は七ミリほどもある。花はいま真っ白に咲いているが、しだいに黄味をおびてくる。やがて朽ちてしまい、秋になると細いヒモを二本ぶら下げたような実をつける。このヒモ状の袋は一五センチから二〇センチ以上にもなり、輪を描くように湾曲しているので、自然の首飾りみたいになるのだ。

テイカカズラのテイカとは藤原定家のことで、この歌人が亡くなった後、定家を慕う女たちが墓石にすがって泣いたところ、涙の跡をこのかずらが覆ったからだといわれている。このつるは高い木にも這いあがるが、岩や石をよく覆うことはたしかだ。うちの庭の隅にあるあまり見ばえのしない人工石もテイカカズラがすっかり覆っている。木の上に花をつけているこのかずらの葉は、五、六センチほどもあるが、この石の上の葉はまだ三センチほど、もっと前には一・五センチくらいしかなかった。年々、生長していくにつれ、葉も大きくなっていく種類の木である。

六月八日　　　　ホソバタイザンボク

極楽寺から大仏へ抜ける道にある家の庭で、香りのいい花をつけている木を見つけた。細長い十数センチの対生の葉がついている。この家の人は、ヒメタイザンボクと教えてくれたが、家へ帰ってもっている図鑑を全部調べたのに、そういう名前の植物はのっていない。

K先生にうかがったところ、ホソバタイザンボクでしょうと教えてくださったが、これも私の数冊の樹木図鑑にはのっていない。

身近にある植物が自分のもっている分厚い図鑑にのっていないときには、変に落着かない気持ちになってしまう。それだけに正確に名前がわかったときはうれしい。

細葉ではないふつうのタイサンボクも花がつきはじめた。漢字では泰山木または大山木と書くのは、この木が鬱蒼と葉を茂らせて三〇メートルにも達する大木になるからである。表面のつやつやした濃い緑色の葉は長円形で、長さ一五センチから二〇センチ余、幅一〇センチ近いものまで、うちわにでもしたいような厚い革質で、葉を見るだけでも大木の風格十分である。そして、あの大きく白い花の夢のような美しさ。肉質の長く大きい花びらは、六枚からときには一〇枚くらいが重なりあって盃状になり、中心にほんのりとした紅紫色の太いおしべの柱がある。花の直径は一五センチから二〇センチほど、花はみんな上向きに咲くので、「泰山木天にひらきて雨を受く」（山口青邨）といった風情である。

花びらは見るからに柔らかく、よい匂いがしていて、雨がちの空の下で静かな息を吐くようにして咲いている。だからこの花が朽ちてからも枝先に残っているのを見るのは、痛ましいような気がする。私は「娑羅双樹の花の色、盛者必衰のことはりをあらはす」と中学の教科書で読んだとき、なぜか泰山木の花のことのような気がしてしまった。そして、この花や樹相を仏教的だと思い、中国かインド原産の木だと勝手に思い込んでいた。しかし、植物の本を少し読むようになって気がついたのだが、泰山木は北米原産で、日本へきたのは明治の初めのことであった。

六月十二日　　　　シロツメクサ

分譲住宅地の石畳の道の間から、シロツメクサが花茎をのばしていた。花の色は白く汚れていて、ハートを逆に三つくっつけたような葉もいかつく見えた。いっしょに歩いていた友人が、「これがクローバーでしょ。あの四つ葉のクローバーの」といったとき、一瞬、そうだという答えが遅れた。少女の頃、四つ葉の葉を探すと幸せが得られると教えられて、草の中に座りこんで葉を調べたときのクローバーは、もっと可愛らしかったような気がしたのだった。しかし、シロツメクサは英名white cloverと呼ばれていて、クローバーに違いない。もっと柔らかく、可愛らしい感じがしたとすれば、きっと、春の野原にいたからではなかったのだろうか。七月にもなれば、クローバーは茎も長く、葉も茂ってしまう。

シロツメクサとは、江戸時代に輸入品の食器の間にこの草の乾燥したものを詰めてきたからこう呼ぶのである。同じマメ科の仲間でアカツメクサまたはムラサキツメクサと呼ばれる草がある。花は赤紫色で、同じように蝶形の花を球状に集めているし、三枚の小葉を柄の先につけているところもよく似ているが、シロツメクサが、長い花柄の先にひょろりと花だけつけているのに、アカツメクサは花のすぐ下に葉がでてしまう。また、シロツメクサの茎は地面を這ってのび、節から葉や花を立ち上がらせているのに、アカツメクサは茎が立って、枝分かれするようにして葉が茂っている。だから原っぱでアカツメクサのところは丈高く茂ってしまう。こちらもred cloverという名前がついているのに、クローバーと呼ぶ気にならないのは、原っぱの地面を緑で平らに覆うといった感じがないからかもしれない。

六月十三日　　イワタバコ

とうとう裏山の崖でイワタバコが咲いた。十二所の山から移植して三年目である。星形の直径二センチほどのビロードのような花は、まだ一つしかない。一五センチほどの細長い葉をだらりと岩から垂らし、その根元に咲いている。春先に見にきたときには、葉っぱはちりめんのようにちぢれていたが、今は美しい光沢を見せて艶やかに光っている。

この花は『万葉集』にはイワチシャとしてでてくる。チシャというからには、その頃は食べられる草として扱われていたのだろう。そんなに古い草に煙草という新しい名前がついてしまったのは、この光沢のある大きな葉が煙草の葉に似ているからだそうだ。似てはいるが、イワタバコの葉からは煙草の代用品もできない。そのかわり今でも、少し苦味のあるこの葉を天ぷらにしたり、卵とじにしたりして食べる人がいる。

花もうれしいが、この花が崖いっぱいにふえたら私も気軽にこの葉を摘みにこようと思う。花が咲きさえすれば、種が落ちて次々に新しい芽がでるはずである。面白いことに、崖に育った芽は湿気さえあれば年々大きく育っていくのに、柔らかい地中に落ちた芽はたまに育っても、翌年には消えてしまう。条件の悪い岩でしか生きのびていけない植物もあるのだ。

六月十八日　　ツユクサ

草むらでツユクサが、あの濃い青色の花を見せはじめた。

ツユクサの花は、露の命と思うほど開いている時間が短い。朝咲いた花が昼頃にはしぼんでしまう。しかし、あの編笠みたいに二つにたたまれた包葉を見ていると、毎日花がでている。よく見るとこの包の中にはいくつかの蕾が入っていて、毎朝一つずつ咲き出すわけだ。包の上には、大きな青い花びらが二枚見えるが、この花は花びら三枚、外花被三枚からできているが、そのうち二枚だけが青く、大きく美しい。ほかのは透明で無色、小さくて目立たない。おしべも六本あるが、二本だけが長くめしべとともに目立っている。可憐で美しいが、変った形の花である。

六月十九日　　ヤマグワ

幼稚園の前を通ったら、園児が二、三人で桑の実をとって口に入れていた。この桑の木はまだ丈は二メートル少し、幹の太さも片手で握れるほどだが、今年はびっちりと実をつけている。まだ朱色のものと黒く熟した実とまじっていて、子供たちはうまく黒い実だけを選んでいた。なにか懐かしいような情景に思えたのは、お菓子に囲まれている最近の子供は、木の実になど興味を示さないと聞いていた故だろうか。

うちの裏庭には幹がひとかかえもあるような桑の木がある。一〇メートルにもなろうという高さで、実をとりたくても手の届くところには枝がのびていないので、ときどきダンボールを木の下に並べておく。落ちてくる実を箱の中に受けとめようというわけだが、枝は高く広くのびているので、いくつかの箱に入る実はごくわずかだ。集めて口に入れると甘酸っぱくて、ジャムにでもしてみたらいいような気がするが、桑の実ジャムとはまだ聞いたことがない。

桑の実は一センチちょっとの楕円形で、イチゴ状につぶつぶがある。これは雌花の集まりである。こういうふうに多くの花が熟して一つの果実に見えるのを集合果というそうだ。

箱に落ちなかった実をいつまでも放っておくと、やがて裏山の地面を桑の実のかびで覆うようになっていく。それで、晴れ間を見ては桑の実を掃き集めていくと、ヤブコウジやジャノヒゲに直径五ミリほどの六弁の可愛い花がついている。

六月二十三日　　シモツケ

シモツケの花が見たくて十二所から朝夷奈切通《あさいなきりどおし》周辺の山を歩いた。

まずは、十二所のバス停から三〇メートルほど離れたところにある庚申塚に登った。この塚は両側を自動車道路が通っていて、ここだけが離れ小島のように残っている。数基の石塔も面白いが、季節ごとに思わぬ野草が顔を出し、昔の野草を切り取って保存してあるみたいなところだ。シモツケはこの塚でももう咲いていた。

丈は人間の腰ほど、枝分かれして細い枝をたくさん出し、その先端に薄紅色の花がもやっと煙るように咲いている。この花のかたまりはアワのように小さな花が集まっていて、一つの花はよく見ると直径五ミリくらい。五弁で、花びらは二、三ミリしかないが、この中心から二センチを超す長い花糸をもったおしべが二〇本ほども花の外につきでている。煙るように見えるのは、この花糸が花の表面を覆っているからだ。山中に咲く野生の木の花とも思えない優しさがあって、ちょっとよい香りもしてくる。この花を初めて見たときには、それまでにも同じ山道を歩いていたのに、なぜこんなに美しい花が咲いているのに気がつかなかったのだろう、と自分の目の働きを疑ったりしたものだった。シモツケはそのつもりで見ていれば、案外あちらこちらに咲いている。

今日はほかに木の花はキハギ、ムラサキシキブ、ヤブムラサキなど。梅雨の間の晴れ間なので、木の葉の緑も艶やかで美しい。足もとでは、ウツボグサ、ヒメヤブラン、クルマバナ、チダケサシ、イヌトウバナなどの花が咲いている。イワタバコ、クララ、フタリシズカ、ホタルブクロなどは花期が終ったところ、これから咲きだすのはウバユリだった。

六月三十日　　ウバユリ

鎌倉山からの帰りに、まわり道をして下りてきた林の中で、ウバユリの花を見た。花茎の先に、花は五つばかり横向きについている。一〇センチばかりの細長い筒のような花の先が少しそり返っている。色も緑がかった白のままだが、これでもう花は咲ききっているのだ。葉はもう枯れているが、蕾のつく前には、三〇センチもある大きなハート形の葉が艶やかだった。ユリの葉には珍しく、葉脈は網状をしている。若いうちは紫褐色に染まることが多いし、花の咲く頃は枯れてしまうし、変転のはげしい葉である。山道でいつも見逃していた花だが、一度見てしまえば忘れないし、すぐ目につくようになるものだ。

七月

天上の花――ネムノキ

数日降りつづいた雨が午後止んだ。西の方には、雨雲が残っているから、つかの間の晴れ間である。

裏山へ登る。大谷石を敷きつめた登り道には、ゼニゴケがついていて、油断をすると足をすべらせてしまう。石も土も、木の葉も幹も、草の葉も、目につくものはみな濡れている。咲きそろったアジサイの花は、水を今はじいたばかりで、こういう日にはヤマユリの香りは、特に濃く匂う。

竹藪の入り口に古いつくばいがある。鹿威しの竹筒は朽ちて音を立てないが、雨の日には山の水が割れた竹筒を伝わって石鉢の中に集まっている。私はこのつくばいの下に、この春イワタバコを植えてみた。もう花期は終わっているが、その後の様子が気になっている。そろそろと道を横切ってつくばいをのぞくと、雨水のあふれた鉢の中にヒヨドリが死んでいた。水を飲もうとしてのめったとでもいうように、浅い石の鉢の中に頭を入れ、長い尾を空中につきだしている。灰色の羽根は尾の先まで濡れている。間もなくトビにもっていかれるだろう。そうでなければ、と考えたらあのつくばいの中で腐っていくヒヨドリが頭をかすめ、自分の衣服に吸いこんだ湿気が急にうっとうしく感じられた。

今年は持ち主が一度ももぎにこなかったビワの木の前を通ると、枝にはしぼんだり腐ったりした実がまだついていて、カナブンが何十匹と群がっている。ツユクサの中に落ちたビワには蟻が群がっている。一つくらい食べられる実が残っていないものかとしばらく枝を探してみたが、腐ったものか野鳥かリスがかじったものばかりであった。

裏木戸の方へ下りようと、崖っぷちにつけた細い道を歩いていくと、もう一週間ほど歩かなかった山道は、ツユクサ、メヒシバ、ハルジオンなどが丈高くのび、ヤブガラシがはびこって足もとを濡らさなければ進めないし、草むらをすり足で歩くとマムシが怖い。すべるのを心配しながらも、石崖の道をまた下ろうとひき返しはじめたとき、山の頂上近くにぽっと明るい灯がともっているようにネムの花が咲いていた。うっとうしい梅雨の終りにこの花にであうと、天上的な明るさを感じる。長い暗いトンネルの闇のむこうに、やっと日の光を見つけたような気持ちである。

花の音と匂い――ハス

梅雨がやっと明けた。久しぶりに外を歩きたくなったので、街へでたついでに八幡様へいってみると、源平池ではハスの葉が丈をのばし、池の水面がこんもりともりあがっている。柳の若葉と桜の花が映っていた静かな水面は消えてしまい、池は「蓮の森」になってしまった。大きな葉や刺だらけの茎は茂りあって、池には荒々しさが立ちこめているような気がする。

しかし、池のふちに一分もたたずんでいると、ゆったりと平和な時間に戻っていく。懐かしい泥の感触を含んだハスの匂いが漂ってくる。大きな葉は強くなった日の光を柔らかく受けとめ、露を抱いている。葉の間には紅色の花が二つ、三つと咲きだしている。ときには真っ白の花もまじっている。

ハスの葉は仏像の台座によく使われるが、それにもまして、この大柄な花は仏教的な感じがする。ハスの花の花盛りには、この池は極楽浄土への入り口のように思えるが、ここは武運長久を祈る八幡様の境内である。

田舎で育った友人が、子供の頃、ハスの花が開くときの音をよく聞いたといった。火の用心の拍子木をたたきながら夜まわりをしていて、蓮池のまわりをまわると、闇の中からポンという花の開く音がした、というのだ。

別の友人は、そんなはずはない。自分もそんな話を聞いて花の開く音を聞きにいったことがある。花は夜明けに開くというので、まだ薄暗いうちから待ちかまえていたが、目の前で開いていく花は何の音もしなかった、という。

しかし鎌倉には、この音を聞きながらの朝茶の会があるそうではないか、その日はハスの若葉のご飯をハスの葉を蓋がわりに乗せたおひつからよそって食べるそうで、とまた別の友人がいった。

実際にこの耳で聞いたという体験談は打ち消しがたいように思えた。しかし前川文夫氏は、「ハスの周辺」という文章の中でこういっている。

「ハスの花は開く時ポッと音がするというのは間違いです。初日の朝に花びらは、こすれるようにして開くのですが、音はしません。その晩つぼみ、二日目の朝開き晩に閉じ、三日も同じくりかえし、四日目にひらいたら午後に散るのがふつうですから、いけばななどにハスを用いる場合に、この時間を織り込んでおく必要があります」(『植物入門』)

では夜まわりのとき、友人が聞いたという音は何だったのだろう。大きな葉を見ていると、ポッと音がして開くほうが、この花らしい気がしてしまう。

鴨の嘴、猫の舌——海辺の植物

町内会の主催で「海辺の植物をたずねる会」が催されたのは、この街に越してきた翌年のことだった。海辺の植物は特徴のはっきりしたのが多いし、種類がそんなに多いわけではない。散歩のついでに眺めていた植物の名前は、だいたい見当はついたが、「だいたい」では仕方がない。実際に生えているところではっきりと正しい知識を得たくなって、私もこの会に入れていただいた。

七月の暑い日のことで、二〇名ばかりの参加者は帽子をかぶり、みんな汗をぬぐっていた。もう海水浴をしている人も多く、講師のK先生のまわりを囲んでぞろぞろと動きまわる私たちを、遠くから不思議そうに眺めていた。

しかし、町内の海辺の植物がいちばんたくさんの花をつけるのは、この時期である。もう終ってしまったハマヒルガオや、秋にならなければ咲かないイソギクやツワブキは別にして、華やかな大きな花も、砂の間の目立たない花も、花のついているものが多かった。切り通しの崖の上では、スカシユリの朱色の花が数十コも咲いていた。スカシユリの間からは、カワラナデシコの桃色の可憐な花がのぞいていた。

高い崖の上の花には手がのびなかったが、砂地の植物のいくつかは、ノートにはさんで即席標本を作ってある。K先生の説明もメモしてあるので、この日の植物をもう一度眺めなおしてみようと思う。

タイトゴメ　くずれかかった崖の岩の間に濃い黄色のかたまりが見えた。近寄ってみると、米粒みたいに小さなぷちぷちした多肉質の葉と、その上に直径五ミリほどの花をいっぱいにつけたタイトゴメが数株かたまっている。花をよく見れば、先の尖った花びらが五枚ついている。「タイトゴメとは大唐米の意味で、土佐の方言」(牧野富太郎)だそうだ。米粒みたいにぷっちりとふくらんでいるのは、水分を十分に含んでいるからで、だから崖地の岩の間でも枯れないで花を咲かせられる。草丈は五、六センチくらい。葉は互生だが密生してついている。

ハマボッス　これも崖の間に点々と数本生えていた。長楕円形の葉はくすんだ緑色だが光沢があり、分厚く多肉質なところがいかにも海辺の植物らしい。丈は一五センチほど、数本ずつ生えているように見えたのは、茎が根元で枝分かれして、その枝が真っすぐに立っているからだ。茎や枝の先に一センチほどの白い花を集めて、花のかたまりを作っている。かたまりも花穂と呼ぶべきだろう。花の咲きつづけるにつれてこの花穂はのびて、七月には一〇センチ近くにもなる。

イワダレソウ　海辺には自動車道路が、砂浜を囲むようにしてのびている。砂浜へ下りていく階段の横の石垣の下からも、道路と住宅地の間のコンクリートの裂け目からも、イワダレソウが垂れ下がっている。よく見るとただ垂れ下がっているように見える茎は、節のところから根を出し、コンクリートの裂け目や砂の間にしつこくもぐっている。葉はやはり厚ぼったく、二、三センチの卵形だが、縁には荒いぎざぎざがついていて対生。その葉のつけ根のところから花茎がのびて円柱形の花穂がでる。花穂はやっと花が開きはじめたところだった。開いた花は赤紫色の唇形で、二ミリほどしかない。

ツルナ　道路わきの空き地や土手に這っていた。これも多肉質、三角形の四、五センチほどの葉はぼってりとした厚みがあるが、表面には小さな粒々があってざらざらしている。茎も太い多肉質でざらざらし、地面を這っているが、先っぽは立ち上がっているし、まだ若い芽は斜めに立っている。株が大きくなければ、茎がつるになることに気がつかないかもしれない。葉のつけ根に小さな黄色い花が一コか二コついている。五ミリほどの花は筒形で先端は四つか五つに裂けているが、これは萼で、花びらはない。上から見ていると黄色い花だが、外側は緑色で、内面とおしべが黄色なのだ。この花がつく前の若葉は柔らかく、よく食用に摘まれる。

ハマスゲ　砂浜に埋まるようにして小さな群落を作っている。灰色がかった幅二ミリほどの細い剣のような葉が、根元から二、三本でている。花茎は葉より高くのびて、線のように細く小さな穂を二列に並べた花穂をつけている。小穂は十数コの小さな花が二列に並んでできている。草の丈は一〇センチほどに見えたが、砂の中に埋まったところを見ると、その倍もあるものもある。かたい茎を引っぱって砂の中から地下茎を引き出してみると、小さな白いイモのような根茎があった。

トウオオバコ　海へ流れこむ音無川の河岸に、トウオオバコが三、四〇センチもある花穂を数本真っすぐに立てている。柔らかそうな葉もふつうのオオバコとは比較にならない大きさで、幅一〇センチほど、長さは二、三〇センチもあるから、おにぎりでもつつみたくなってしまう。

この日、初めてであった植物が一つだけあった。カモノハシというイネ科の草で、砂地に野暮ったく生えているところは、オヒシバかなにか、ありきたりの雑草に見えた。イネ科の他の草と同じような線形の葉を茂らせ、茎の先端に七、八センチの細長い花穂を立てていた。しかし、この花穂にさわってみたら、棒のような一本の穂に見えたものが、二つに割れていて、うまく合わさっているのだった。指先で開いてみると鴨の嘴《はし》のように見える。指を離すと、二本の穂は実にうまくぴったりと重なってしまう。

砂浜でK先生が、「鴨のくちばしみたいでしょう。だからカモノハシ」と説明してくださったとき、いあわせた者は「ふーん」「面白いですね」などと感心したのだった。植物の仕組みが面白いというより、誰かはわからないが、ずっと昔この草を見て「鴨の嘴」と名づけた人への共感が、こういうときにみんなに湧いてくるのだ。

この会から二、三年して、やはり夏の暑い日に、三浦半島の南端にある天神島へいったことがある。天神島は自然公園になっていて、うちの近くの海辺にはない植物がたくさんあった。フジナデシコ、ハマゴウ、ハチジョウナなどといっしょに、黄色い菊に似た二センチほどの花をつけている草があった。地を這ってのびている茎から枝がたくさん立っていて、花はその先端についている。二、三センチの葉はまばらにぎざぎざが入っていて、厚い多肉質、短い毛が生えているのでざらざらしている。このざらざらした感じが猫の舌に似ているというので、この草名はネコノシタである。名前は知っていたが、実物にであうのはこのときが初めてだった。私はふっとカモノハシを初めて見たときのことを思い出した。「鴨の嘴に、猫の舌か」と動物の部分をつけた草の名を口にして、私は海辺の草むらで急に人なつっこい気持ちに襲われた。

❀七月のメモから

七月一日　　ネムノキ

江ノ電に乗って窓の外を眺めていると、ネムの花ばかりが目につく。ネムノキは、幹は斜めにのびてくるし、枝は横に張る。あの淡い緑の美しい葉は、遠く離れて見ると平らに張られた布かなにかのように見えることがある。花は枝先に集まって、花茎は五センチ足らずなのだが、遠くから眺めると葉の上へ頭をつきだし群がって咲いているようだ。

電車を降りて家までの道に、去年植えられた若いネムノキがある。ネムはかなり大きくならなければ花をつけないと聞いていた。まだ、人間の腕ほどもない幹、両手を精いっぱいひろげ

CCCメディアハウスの新刊

madame FIGARO BOOKS

ユーミンとフランスの秘密の関係

「フィガロジャポン」の人気連載「アンシャンテ ユーミン！」が書籍になりました。原田マハやスプツニ子！、野崎歓との対談などに大幅加筆、旅取材のオフショットも初お目見えです。

松任谷由実　●本体2500円／ISBN978-4-484-17202-6

チームで考える「アイデア会議」 考具 応用編

チームで考える方法、知っていますか？
一人では、ベストにならない。「思いつき」を「選りすぐりの企画」に育てる仕組み、教えます。

加藤昌治　●予価本体1500円／ISBN978-4-484-17203-3

アイデアはどこからやってくるのか 考具 基礎編

考えるための基礎力、持っていますか？
我流では、勝負にならない。アイデアが湧き出すアタマとカラダのつくり方、教えます。

加藤昌治　●予価本体1500円／ISBN978-4-484-17204-0

考具

好評既刊 36刷

考えるための道具、持っていますか？
簡単にアイデアが集まる！ 拡がる！ 企画としてカタチになる！
そんなツールの使い方、教えます。

加藤昌治　●本体1500円／ISBN978-4-484-03205-4

※定価には別途税が加算されます。

CCCメディアハウス 〒153-8541 東京都目黒区目黒1-24-12 ☎03(5436)5721
http://books.cccmh.co.jp　/cccmh.books　@cccmh_books

CCCメディアハウスの新刊

貧乏は必ず治る。

貧乏は、生活習慣病だった！？　自己破産寸前から、経済的自由を築きつつある著者が見つけた、「いつもお金がない」から抜け出す処方箋とは。

桜川真一　●予価本体1500円／ISBN978-4-484-17201-9

花と草木の歳時記　新装版

野草を食卓に並べ、草花を部屋に飾る。自然の息吹を肌で感じ、四季の訪れと寄り添う、鎌倉の日常を名随筆で味わう。いまの時代だからこそ、生きるヒントとしたい名著。

甘糟幸子　●予価本体1500円／ISBN978-4-484-17209-5

イスラム教徒の頭の中

アラブ人と日本人、何が違って何が同じ?

交渉事、恋愛・結婚・離婚、宗教……彼らはどんな考え方をしているのだろう？
吉村先生が見た、アラブ社会の本当のところ。

吉村作治　●予価本体1500円／ISBN978-4-484-17208-0

世界を変える「デザイン」の誕生

シリコンバレーと工業デザインの歴史

世界中のデザイナーたちが「工業デザインの聖地」シリコンバレーを目指したのはなぜか。
デザインコンサルティング会社ＩＤＥＯ所属の著者がひもとく、工業デザインの歴史。

バリー・M・カッツ 著／髙増春代 訳　●本体2600円／ISBN978-4-484-17101-2

※定価には別途税が加算されます。

CCCメディアハウス　〒153-8541 東京都目黒区目黒1-24-12　☎03(5436)5721
http://books.cccmh.co.jp　/cccmh.books　@cccmh_books

たくらいの枝ぶりなのに、もういくつか花をつけている。崖の上の塀の上からでた枝は、道路の上に張りだしている。今朝下を通ると、あの美しい葉っぱの間にぽつんと咲いているところは、可愛いぼんぼりでもともったようだった。

帰り道にはその花が、なぜか一つだけ枝のところで折れて道路に落ちていた。手にとってみると、花は水をたっぷり含んでいるように重い。この花は、花糸と呼ばれているおしべの柄ばかりが紅色に美しく、花びらは花の根元に筒状に小さく収まっている。この紅色の花糸の様子は、柔らかいパフみたいに見えていた。もっと細くて、もっと軽いと思っていた。そして初めて気づいたのだが、この花には淡い、甘い感じのいい香りがする。若いというのか、あっさりした甘さなのだが、たしかに気持ちのいい匂いがしていた。家に帰ってもっている図鑑を全部調べたのだが、ネムノキによい香りがすると書いてあるものは一つもなかった。

七月二日

ネジバナ

友人の家の芝生のへりで、ネジバナが咲いている。去年、近くの分譲地に群生していたのを掘ってきて植えておいたら、うまく根づいたのだそうだ。

幅の狭い線形の葉が二、三枚、その間から花茎は葉の何倍にものびていて、先っぽにラン科らしい花を横向きにつけ、らせん状にねじれた形の花穂を作っている。赤い花は数多いが、ネジバナの明るいピンクは独特で、この色の故でネジバナをこんなに好きになったような気がする。まれには白または、緑色の花をつけるネジバナもあるそうだが、つまらない花に思えてしまう。
今はないけれど、ずっと前、うちの庭にもこの花が三年ばかり続けて咲いたことがあった。花を目にとめて名前を聞かれる度に、つい体をねじって「ねじれているからネジバナ」などと教えていたら、ネジリバナと覚えてしまった人が多かった。もう一つ、モジズリという名前があるが、これも花穂がもじれているからだそうだ。もじれるという言葉の意味がわからなくって、国語辞典を引いたら、「捩る ①ねじる。よじる。②もとの表現に似せた口調の言い方をする」とあって、何かをもじって言うというときのもじるだった。

七月三日　　　　スカシユリ
海岸に面した山裾の草むらにスカシユリが一輪だけ咲いていた。この花は崖の上でばかり見ていたので、草むらに咲いていると珍しいことのような気がするが、もともとは草むらや砂浜にもあったはずである。人口が密集するにつれ平地のものはとられてしまい、手の届かない崖の上などにばかり残っているのだろう。
花は鮮やかに赤みをおびた燈色で、六枚の花被を上向きに開いている。ユリはふつう筒状に花弁を重ねるものだが、この花に限って間に隙間ができるので、「透《す》かし百合」と呼ばれている。

七月四日　　　　ヤブカンゾウ

ヤブカンゾウがあちこちの土手や崖で花を咲かせている。別名忘れ草とは、若芽や花を摘んで食べると、あまりのおいしさに憂いを忘れるからといわれているが、それほどとび抜けておいしいとは思われない。しかし開いたばかりの花を摘んで天ぷらにすると、甘味があって悪くはない味なので、春先の摘み草が終わってしばらく休んでいた野の味を、この花の間にまた何度か味わうことになる。

今日はヤブカンゾウの花、アカザの若葉、クズのつる先、カラスウリのつる先の若葉、ヤマグワ、クサギの葉、ツルナ、オオバコ、それに二本のシオデのつる先を集めて天ぷらにした。

七月六日　　モウソウチク

居間の窓から見える竹の葉が美しくなったと思ったら、明日は七夕である。

庭のタケノコを最後に掘ったのは四月二十八日のことで、五月の中頃までは、のびていく竹が脱ぎ捨てる皮を拾っていた。やがて、枝を出し若葉が開いてきたが、梅雨に入ると雨に濡れて、柔らかい枝は腕を垂れるみたいに下がり、葉も濡れそぼって閉じていた。雨が終わった後、ぴんと張った葉はこのところ緑を濃くしてきた。居間からは見上げる形になるので、竹の葉も日を透かして眺めることが多い。すると若葉の頃、カエデの下を通ったときの木洩れ日を思い出す。五月はカエデが美しいが、七月の初めは竹の葉がいい。七夕はちゃんと竹のいちばん美しいときに刈りとるようになっている。

七月九日　ハンゲショウ

音無橋の下で、ハンゲショウが卵形の大きな葉を白く化粧しはじめた。川べりの急な崖の間にあるので橋の上から眺めるだけだが、丈は五、六〇センチほどもあるだろうか。葉は七センチほどの長さで、互生、上部の三枚ほどは茎に近いほうを半分ほど白くさせている。白い葉がではじめると、地味な花穂ものびてくる。この花はドクダミの仲間で、花穂もドクダミと同じように、花びらも萼もない裸の花である。最初は花穂は垂れているが、花が開くにつれ上向きに直立してくる。ハンゲショウという名前は、半夏の頃葉を白くして花穂を出してくるところからきている。半夏は、太陽暦でいえば七月二日頃のこと。ちょっとこの花は遅いかもしれない。

白いハンゲショウの対岸には、オレンジ色のワトソニアが数十本咲き乱れている。夕方眺めると、ここにだけ夕映えの明かりが落ちているような気がしてしまう。

七月十一日　ムクゲ

稲村ヶ崎の海岸から針磨橋《はりずり》へ抜ける小道を歩くと、ムクゲとカンゾウが花盛りだ。最初のムクゲは、山寄りの道端にある小さな墓地の入り口にある。昔ながらの薄紫色の小さな花で、私はこの色が好きで一枝もらおうと折ってみたことがあるが、この木の灰色の皮は強くて刃物がなければ切りとれない。無理に引っぱると皮のむけた白い枝がむき出しになって、自分の乱暴さにぎょっとする。

橋の手前に、白いムクゲを一〇本あまりも、塀ぎわに植えこんだ家がある。秋にはきれいに枝を切ってしまうが、夏になると、真っすぐにのびた新しい枝に花がいっぱいついている。この塀のわきを通ると、子供の頃、数年間住んだことのある九州の家を思い出す。あの家でも薄紫のムクゲが塀ぎわに植えてあった。子供の頃はなぜか嫌いだった。花を嫌いになることなどほかにはないことだったが、なぜかこの花だけは暑苦しく、「やぶせったく」、悪い臭いがするような気がした。もちろん臭いなどあるはずはないが、手洗いの目かくしなどに植えられていたことも多かったそうだ。

表通りへでると、大輪で、白地に赤を染め抜いたようなハイカラなムクゲが咲いている。こうなると、「道のべの木槿《むくげ》は馬にくはれけり」（芭蕉）といった何気なさが好ましいようなムクゲではなく、南国のハイビスカスを思わせる。実際に、ムクゲ、ハイビスカス、フヨウなど、どれもアオイ科フヨウ属の仲間である。薄い五枚の花びらと、その真ん中に、めしべを抱きこんだおしべの集まりをもっているのは同じだが、花の印象はずいぶん違ってしまう。

七月十七日　　　ノウゼンカズラ

いつ咲きはじめたのか気がつかないうちに、ノウゼンカズラが花盛りになっている。鎌倉駅から御成町、笹目と住宅街を歩いてきたら、数軒の家で塀越しにこの花が咲き乱れているのにであった。あの明るい、からりとあでやかなオレンジ色にであうと、これで夏になったという気がする。

花は枝の先に二つずつ並んで、先へと咲いていく。漏斗形というのだろうか、小鉢でも逆さにしたような形で、直径は六、七センチ、花びらの先が中ほどまで五つに裂けている。明るい濃いオレンジは花の内側で、外側は少し薄いオレンジになる。茎はつる性で長くのびるので、たいていは人間の丈より高いところで咲いている。それでも、内側の濃いオレンジのほうが目につきやすいのは、つるが宙に浮くようにのび、花は横を向いたり、下を向いたりしているからだ。茎や枝から浮き上って咲いている花は、舞っているように見える。

改めてあたりを見なおしてみたら、「カンナの花の血の色」も見えるし、オシロイバナも枝をひろげ、キョウチクトウも咲いている。何も目に映らないままに数日を過ごしたのが不思議な気がする。

七月二十五日　　　　トモエソウ

鎌倉から天園のハイキングコース、円海山への尾根道を歩いて、横浜までいく。尾根道のわきにある草花は、オカトラノオ、センニンソウ、ナツノタムラソウ、ウツボグサ、キンミズヒキ、ミズヒキ、ヤブミョウガ、ハンゴンソウ、ヌスビトハギ、ヤブジラミなどなど。毎年この季節に一度は歩く道なので、たいして多くもない草花の名前は、たいてい覚えてしまったはずだったけれど、今日は新しい花にであった。円海山へもう数百メートルほどという尾根道で、わずか一株だけだったが、腰ほどの丈の草花で、黄色で花びらは五枚、少しねじれたような形が、つまり巴形なのだ。直径五センチほどの、野の花にしては大きな花をいくつかつけていた。

帰ってきて、図鑑を調べたら、花柱《かちゅう》は五つとあったから、きっと五つの花が咲いていたのだと思う。

植物の先生に電話したら、トモエソウは鎌倉にもたくさん自生していたものですが、最近では珍しいですねといわれた。来年、またあの道を歩くときに咲いているだろうか。

七月二十八日　フシグロセンノウ

横浜からの帰り、横須賀線に乗ったら、線路ぎわの土手にカワラナデシコが咲いていた。保土ケ谷駅を出て、しばらくしたところだった。自然の土手が残ってさえいれば、草花は季節ごとにこうして咲いてくれるのだが、年ごとに土手は石垣やコンクリートの壁に変えられてしまう。ちらりと見ただけなのに、懐かしい思いがして、あの細い茎や、風に吹かれている小さなピンクの花が忘れられない。

うちの庭では、植木鉢の中でフシグロセンノウが、鮮やかに濃い朱色の花をつけた。何年か前に、子供たちと丹沢の山に登ったとき、麓の杉林のへりに何株か咲いていたのをひと株だけもらってきたものだ。強い草で、たいして手入れもしないのに、毎年花を咲かせる。ナデシコの仲間で、細い茎にはっきりした節があるところは、両方とも同じだ。花も五弁だが、カワラナデシコのほうは、花びらの先が細かく糸状に切れている。

フシグロセンノウの濃い朱色を初めて薄暗い林の中で見たときには、あまりの鮮やかさに驚いたものだった。ナデシコは日当りのよい野原や川原に多いが、あの淡いピンクは明るい日の下が似合っているような気がする。

郵便はがき

おそれいりますが
切手を
お貼りください。

153-8541

東京都目黒区目黒1-24-12
株式会社CCCメディアハウス
書籍編集部 行

■ご購読ありがとうございます。アンケート内容は、今後の刊行計画の資料として利用させていただきますので、ご協力をお願いいたします。なお、住所やメールアドレス等の個人情報は、新刊・イベント等のご案内、または読者調査をお願いする目的に限り利用いたします。

ご住所	□□□-□□□□　☎　－　－		
お名前	フリガナ	年齢	性別
			男・女
ご職業			
e-mailアドレス			

※小社のホームページで最新刊の書籍・雑誌案内もご利用下さい。
http://www.cccmh.co.jp

愛読者カード

■本書のタイトル

■お買い求めの書店名(所在地)

■本書を何でお知りになりましたか。

①書店で実物を見て　②新聞・雑誌の書評(紙・誌名　　　　　　　　　)

③新聞・雑誌の広告(紙・誌名　　　　　　　　)　④人(　　　　)にすすめられて

⑤その他(　　　　　　　　　　　　　　　　　　　　　　　　　)

■ご購入の動機

①著者(訳者)に興味があるから　②タイトルにひかれたから

③装幀がよかったから　④作品の内容に興味をもったから

⑤その他(　　　　　　　　　　　　　　　　　　　　　　　　　)

■本書についてのご意見、ご感想をお聞かせ下さい。

■最近お読みになって印象に残った本があればお教え下さい。

■小社の書籍メールマガジンを希望しますか。(月2回程度)　はい・いいえ

※ このカードに記入されたご意見・ご感想を、新聞・雑誌等の広告や弊社HP上などで掲載してもよろしいですか。

はい(実名で可・匿名なら可)　・　いいえ

八月

真昼の花・夕闇の花

真夏の強い太陽が照りはじめると、身のまわりにある自然は急に親しいものに感じられる。雨水を吸いあげて、恐ろしいように植物が生長していた。梅雨が終ったからだろうか。それとも、窓や戸を開け放し、暮らしを開放的にした故だろうか。木の葉は強《こわ》くなり、夏草は丈高く庭にのびて先をふさぎ、その茂った草むらには蛇やさまざまな虫たちが這いまわっているというのに、夏の植物にはみな日常的な親しさがある。

夏に咲く花を思い出すと、どの花も自分の家の庭先か散歩道で、歩いていく肩のあたりをなでるようにして咲いていたような気がしてしまう。そして、炎天の下で咲き誇る花と、夕暮れの薄闇が似合わしい花とにはっきり分かれてしまう。

赤いダリアやカンナ、薄朱色に舞っているようなノウゼンカズラやオニユリ、黄色く輝くヒマワリなどは、太陽の下でなければそれらしくは見えない。

ヒマワリは、その名前も花の向きが太陽の進行につれて回る、と思われていたところからつけられたものだ。粗毛をつけた太い茎は真っすぐ人間の丈よりものび、ざらざらした荒い大きな葉を茂らせ、頂上にお盆のように大きな花を横向きにつける。最近では、この健康すぎるほどの明るい花も好まれなくなったのか、見かけることも少なくなってしまった。戦後しばらくは、どの街へいっても、それぞれの庭先や道端に雄々しく誇らしげに咲いていた。

カンナは艶やかなバショウに似た葉を茂らせ、直立した太い茎の先っぽに群がるようにたくさんの花がついている。黄色や橙色もあるが、赤いカンナの鮮烈さは特別だ。燃えるといおうか、したたるといおうか。千家元麿の「カンナの花の血の色よ」という詩は、戦前の小学校の教科書にも載っていた。あの赤い花の大きく垂れ下がる花びらは、実はおしべの変化したものだ。カンナの花をよく見ると、真ん中には花の色と同じ色をしためしべが剣をつき立てたように立っていて、花びら化したおしべがそれを巻きこむようにして取りまいている。めしべにいちばん近い内側の一片をよく見ると、柔らかい美しい花びらふうのおしべの端に、一センチほどの粉袋がついている。初めて見たときには、花びらの病気かと思ったものだったが、どの花を見ても、いつ見ても、必ずついていた。この花のむき出しなほどの生々しい感じは、もしかしたら、この作りの故かもしれない。

この強烈な赤いかたまりの後でいつも目に浮かぶのは、カラスウリの白い花である。カラスウリは夕暮れになって白い筒のような蕾の先をむくむくとのばして、わずか一〇分ほどの間に花びらの先を星形に五裂にそり返らせ、その先に白い糸状の房を垂らしてしまう。この房は白いレースのようなとよく表現されるが、私はもやもやと動きだし、からまりあうように怪し気にひろがっていく様子から、クモの糸を連想してしまう。薄闇の中でこの柔らかな糸をひろげ、中心に黄色いおしべを抱くようにしてほの白い花を五裂に開いている様子は、淡い夢みたいに美しいものだ。この花は夜明けとともにしおれてしまい、翌日は新しい蕾がまた新しい糸をくりだしてくる。

その名も「夕顔」と呼ばれているものに、大輪の白い朝顔のような花がある。ヒルガオ科のヨルガオのことで、直径一〇センチもある花は、咲くときにはポンと音でもしそうな気がする。物憂げな様子から、『源氏物語』にでてくる夕顔をこの花だと思ってしまう人もあるようだが、南アメリカの原産で、日本へ渡ってきたのは明治の初めである。『源氏物語』の夕顔は、ウリ科の干瓢の原料になる細長い瓜を実らせる植物で、夕方咲く白い花もごく地味なものだ。同じウリ科なのだから、カラスウリの花を夕顔と呼んでいたら、それらしくて紹介のしがいもあるのに、と私は勝手な不満を抱いてしまう。

マツヨイグサも待宵草という名前のように、宵を待って花を開く。丈は五〇センチから一メートルにもなり、茎にも葉にも毛が生えていて、ちょっと見たところ粗野な感じさえする。ところが、夕方を待って黄色い四片の花びらをぽっかりと開くと、急にあたりに夏の宵のやるせなさが漂ってしまう。この花は竹久夢二の「宵待草」という歌曲で有名になってしまったので、正しい名前のほうが通りが悪い。夢二は名前を誤って使っただけということだが、言葉の柔らかさからいっても、闇に浮いている花の感じからいっても、待宵草よりも宵待草のほうが好ましいような気がする。

またこの花は、月見草と間違って呼ばれることが多い。宵待草という植物は存在しないが、ツキミソウという植物は実在していた。マツヨイグサと同じ江戸時代に日本に入ってきた北米原産の植物で、やはり夕方に花をつけ朝しぼんでしまうが、花の色は白である。日本の風土に合わなかったのか、野生化したものはほとんどないそうだ。「富士には月見草がよく似合う」

といった太宰治も、マツヨイグサと間違えていたのではないだろうか。

オシロイバナは夕化粧という優雅な別名もあるように、夕方に咲きはじめ、昔の粉化粧か良質の天香粉に似た懐かしい匂いを漂わせる。これも南米原産の帰化植物だが、私の街ではいたるところに野生化して茂っている。花は小さな漏斗形で、直径一センチほどだが、一株あれば枝分かれして、一メートル以上のこんもりした茂みを作り、たくさんの花をつけているから、株全体が大きな花の群れのようなものだ。色は白や黄色もあるそうだが、紅色がいちばん多い。夕方咲く花は、白か黄色がほとんどだそうだから、これは例外なのかもしれない。そういえば、私はしばらくの間、この花が夕方にならなければ咲かないことに気づかなかった。英語ではfour o'clockと呼ばれるように、夕方もまだ明るいうちの四時頃に咲きはじめる。夏の間は散歩にでるのも、買い物にでるのも、少し涼しくなってからが多いので、私のでかける頃にはたいていこの花は開いてしまっていたわけである。

キョウチクトウも紅色と白い花をつける。大気汚染に強いといわれるこの花は、工業都市や交通量の多い市街地でも赤々と咲き乱れていて、騒音や熱気がふさわしいように見える。しかし、夏の夜道を歩いていて、思わぬ風が通ったときなど、藪のように茂ったキョウチクトウの白い花がゆさゆさとゆれるのは涼し気でよいものだ。

アサガオは朝のうちにしぼんでしまうし、ツユクサもお昼までの命だ。

フヨウは朝早くに開き、夕方にはしぼんでそのまま花を落としてしまう。五弁の淡いピンクの花びらは、細い縦の線が透けて蝶々の羽根のように見える。この花には強い日ざしは似合わないからだろうか。朝のフヨウを詠った俳句や短歌は多いようだが、私は夕方のしぼんでしまう前のフヨウがいちばん好きだ。この花のはかないような軽さは、夕暮れの薄くなった光の中でいちばん美しく見えるような気がする。

サルスベリは、百日紅《ひゃくじっこう》という別名をもっている。白や紫色の花もたまにはあるが、やはり夏らしいのは紅色の花だ。枝先に次々と新しい花をつけては夏の間じゅう花を咲かせていく。この樹木のある庭を、たとえば田舎の小さなお寺などを想像したとする。この花が咲いているだけで、境内に満ちている重い日の光や蟬の音、昼寝をしているらしいひっそりした宿坊や、ミソハギの供えてある仏前などがいっぺんに見えてしまう。真夏の日ざしを浴びていかにもそれらしく、しかし、夕闇が降りてくれば、花の紅はいっそう色濃く美しくなってしまう。昼間も夕方も美しく、印象的な夏の花といったら、サルスベリではないだろうか。

夏休みの自由研究

去年、家を半分改築することになって、古い部屋を整理していたら、娘が小学校の夏休みに作った植物収集の標本がでてきた。二年から六年までの夏休みのもので、四冊しかなかったのは、五年生のときは庭の樹木を調べてレポートを作ったからだった。二年生のときは、二〇種類の野草を集めている。三年生では三〇種類で、私は一年に一〇種類ずつふやさせよう、そうすれば、重複するものがあるとしても、六年生までには一〇〇種類くらいの野の草を知ることができると計画を立てていたのだった。子供がそうしたいといったわけではなかった。二年生の夏休みには、自由研究を一つしていかなくてはいけない、何がいいかしらといっただけだった。私は、勝手にうちのまわりの草を調べてごらん、家の庭とか、海岸とか、可愛い花を咲かせる草がいっぱいあるからといいながら、子供に植物の知識を与える計画を立てはじめていたのだった。

親というものは、自分がしたくてできなかったことを、子供にさせてみたがるものだ。私は小さいときから、野の草や、庭や山の樹木の名前を知りたがる子供だった。学校にも家族にもそんな子供の興味の相手をしてくれる人はなくて、漠然とした興味と知りたいという希望を抱いたまま大人になってしまった。子供のとき植物の世界をもっと早く知ることができていたら、世界はもっとうっとりと平和なものに見えていたかもしれない、と人に解けこむことの下手な子供だった私は、大人になってから考えたものだった。

次の年の夏休みがやってきて、私は娘に前の年に作った標本のうち名前を覚えているものを聞いてみたが、正確に覚えているものは一つもなかった。それでは、またゼロからはじめるつもりで、二年生のときに集めた草も含めて二〇種類を作った。なるべく花の咲いているもの、なるべくわが家の庭にあるものか、通学路か、海岸への道など、日頃歩いている道のそばにあるものときめておいた。

四年生の夏休みには、娘は前年の標本を取り出して、自分でいくつかの草の名前を思い出しはした。しかし、身について残っているものがあるようには思えなかった。春先には、ツクシやナンテンハギを摘みによく野外を歩いたのだったが、この子は駆けたり、跳ねたりすることのほうが好きだったのだ。

五年生のときに樹木を調べたのは、夏休みもあと二日で終るという日まで何もしていなくて、押し花を作る時間ももうなかったからだった。家にある樹木の本数と種類、また大きさ別の本数を急いで調べることにしたのだった。実は前から自分が調べてみたいと思ったことだったので、私のほうが熱心で、子供は助手のようなものだった。木の幹にテープをまいたり、庭を分断する地図を作って樹木を書きこんだりして半日がかりでデータをだし、その晩一夜かけて表を作ったり、レポートの文を書かせたりした。

うちの庭は山際にへばりついていて、二百坪足らずである。小さな木まで入れても百本くらいはあるだろうかと予測していたが、実際に調べてみたら二三五本、五四種類あった。いちばん多い木はヒサカキ、二番目はシイノキとわかり、直径三〇センチ以上の大木はシイノキ二本、ツバキ二本、ヤマグワ、モチノキなど。私は集計結果の意外さに満足し、テーマの選び方もよかったと自負していたが、このレポートはＡＢＣの評価で、Ｂにランクされて娘をがっかりさせた。

六年生の標本がぼろぼろできちんと形を残していないのは、この年も夏休みの終りになって大急ぎで標本を作り、十分に水分を吸い取る時間がなかったからに違いない。花の咲いている草もツルボだの、ツリガネニンジンだの、八月というより九月の初めに咲く草が多い。当初の六年生になったら六〇種、の計画はとうの昔に消え、四〇種にも足りない草が三、四年生の頃とたいして違わない説明つきで貼りつけられている。この頃には、私も娘の興味が植物や野外の生物にはむいていないことを承知していたから、おせっかいも手助けもしないことにしてしまった。

娘より五年遅れて生れてきた息子は、まだひとり歩きできない頃からよく野や山へつれだした。ツクシ摘みの好きな子だったし、幼稚園の頃、山の斜面の草むらに一本咲いていたスカシユリを見つけて、私に教えにきてくれたこともあった。男の子だからきっと理科は好きになるだろうと楽しみにしていたら、娘よりも早く、一年生のときから草も勉強も大嫌いになった。夏休みは何もしないで過ごし、自由研究なしでゆうゆうと学校へでていった。三年生の夏休みに一度だけ、山でとった秋の七草で標本を作ったことがあったが、この七種の野草を押したり貼りつけたりするのも彼には大仕事だったらしく、次の年からはまたやめてしまった。

五年生になったら、娘がしたのと同じ「わが庭の樹木調査」をやらせてみよう、五年間の間に樹木の幹がどのくらい大きくなるものか、また種類はふえるのか、調べてみるのは面白いなどと、五年前に私は勝手に考えていた。この夏、彼は五年生の夏休みを迎えたが、調査の継続はあっさりとことわられてしまった。庭の樹木になど興味はないそうである。

娘が最後の標本を作ってからもう四年過ぎてしまった。この夏、オート・テニスから帰りの娘といっしょになったら、道端にはマツヨイグサやハマカンゾウが咲いていた。ふっと思い出して、夏休みに作った標本を覚えているかどうか聞いてみたら、名前だけはいくつか思い出したが、それがどんな形の草だったかは忘れてしまったそうだ。自分から興味をもったものでなければ、忘れてしまうのは当然かもしれない。

この子たちの目下の関心は、ボリュームをあげて聴く新しいミュージックや、テレビの中のスターたち、快適な範囲のスポーツ、機械を相手のゲーム等々で、そのうちオートバイとマイカーが加わることだろう。

けれども、この電気仕掛けのマシンを仲介した楽しみに、いつまでもあきないものだろうか。あの音楽プレーヤーの電池がなくなったりステレオの電気が切れたりしたとき、突然、尾をひくような鈍い音を残して音が止まってしまうときのように、彼らの関心が突然消えてしまうときがいつかはやってくるのではないだろうか。そのとき彼らの心を占めるものが何かはわからないが、ふっと子供の頃わが家のまわりに茂っていた夏草のことや、蟬の音を思い出すこともあるかもしれない。懐かしさが、子供の頃目に映したものの記憶を掘り起こすこともあるだろうか。そう思うとうちの庭や近くの道端に茂っている草のことを、どこかに書いておいてあげたいとも思う。

タデ科の花々――ミズヒキ

夕方買い物にでたついでによく足をのばす私の散歩道には、春先からずっと、小さな草花の絶えることがなかった。しかし、夏らしい大柄なヒマワリやカンナが咲きだすと、園芸種の大ぶりな花ばかりが目立つようになる。

山道へ入ればオカトラノオやウツボグサ、アキノタムラソウなどが見られるし、よく見れば道端にも地を這うスベリヒユが黄色い花をつけている。草むらにはエノコログサやメヒシバの青い穂が見える。しかし可愛らしく赤い草花は、この夕方の散歩道にはしばらく見えなくなってしまう。

ほんのしばらくの端境期の後で、待っていたミズヒキが咲きだす。卵形の大きな葉、節くれだった無骨な茎、丈は五〇センチから八〇センチ、枝分かれした茎は大きく横へひろがるが、最初にでてくるのは細い糸のような緑色のムチである。よく見ると小さな粒がついていて、少しふくらんできたところは生れたばかりの蛇を思わせる。しかし、やがて紅色の花が咲くと、その紅の濃いこと。細い茎にはまばらにしか花をつけないというのに、その鮮やかさで大きな葉をおさえてしまう。

花穂は細いけれど、二〇センチ以上にもなる。花をよく見ると、上は赤いが下側に向いたところは白い。この紅白を水引きに見立ててこの名前がついたのだろう。さらによく観察してみると花びらは四枚、三枚が赤く、一枚が白く見えるが、これは花びらではなく萼である。

ミズヒキは植物の分類でいえばタデ科タデ属。ふつうこの仲間はタデと呼んでいるが、この仲間の花は、夏を境にしていっせいに咲きだすように見える。いずれも小さな花を穂状に、または球状に集めているが、花びらはなく、花は萼の集まり、ついでにいえば葉は単葉、茎がかたく、強《こわ》い節を目立たせ、葉のつけ根にある托葉は、膜質のさやのように茎をつつむことが多い。

ミズヒキの次によく目立つのは、オオケタデだろうか。人間の丈ほどにものび節ごとに枝を出すので、ひと株あればひと茂りしてしまう。花は紅というより濃い桃色で、人間の指ほどの太さで、一〇センチ近くにのびている。

丈夫な植物なのだろう。市街地を流れる川の土手や石垣の間、駐車場の隅にまで葉を茂らせ、たくさんの花穂をぶら下げる。花期は十一月頃までは続くものだそうだが、私の記憶ではこの花とであうのは夏休みで、日ざしよけの麦わら帽子などかぶっているとき、この花もぎらぎらする太陽を浴びている。きっと、よく茂って目につきやすいこの花は秋に入ると刈りとられてしまうのだろう。

オオケタデの花穂を三センチほどに小さくし、紅色をくすませて直立させたのがイヌタデである。「赤まんま」という別名で親しまれているのは、おままごとでこの花穂をしごいたものがお赤飯として扱われたからだが、それも私たちの世代までだろうか。今の子供たちは、おままごとに草花を扱うことなどしなくなってしまった。

イヌタデはどこにでもある花で、夏の終りからよく目につくが、探せば六月頃にもう花をつけているものもある。この花は草がほとんど枯れてしまう冬でも咲き残っている。暖かい鎌倉では、二月になってもあちこちで咲いている。

ママコノシリヌグイという奇妙な名前をもったタデ属の花も、図鑑などには五月から十月へかけて咲くと書いてあるが、私の散歩道では毎年八月半ばを過ぎると花をつけはじめる。音無橋近くの河岸に小群落を作っているが、急な崖地だから足もとの草むらに気をつけながら近寄り、もうひとつこの草の刺に気をつけながら、花ばさみで一、二輪切り取る。

花はこれもタデの仲間らしく三ミリほどの小さな花を集めているが、穂状でなく球状になっているので、ちょっと見たところ紅色の金平糖みたいだ。直径が一センチほどのかたまりで、小さな花を数えてみると一〇コほどあった。葉は長三角形で、葉の裏にも葉柄にも、茎にも刺がついている。刺はかなり鋭くどれも下向きで、この刺の鋭さが、昔、継子いじめの多かった時代に、この奇態な名前をつけさせたのだろう。

このほかにホソバノウナギツカミ、アキノウナギツカミなど、ウナギツカミと下につくものがあるが、これも、すべってつかみにくい鰻をこの刺で押えたらよいだろう、という発想からでたものではないだろうか。

ミゾソバもママコノシリヌグイに似た花をつけるが、葉がほこ形といおうか三角形の中ほどを糸でしばったようにくぼませている。ある年、うちの近くの日陰の土手にミゾソバが突然、群生したことがあった。刺がまったくなかったので、別な種類のタデかと思ったが、よく調べてみたらミゾソバは刺のないものがときどきでるそうだ。

このほか、白い小さな花を穂状にまばらにつけているのはシロバナサクラタデという。枝先をのばして小さな花をまばらにつけるボントクタデは、道端などにあるありふれた花だが、この名は、ヤナギタデに似てヤナギタデのような辛味がないので、ぼんやりしているとか、馬鹿とかいう意味のボントクがつけられているのだろう。

❀八月のメモから

八月一日　　　　　ムラサキカタバミ

朝早く近所の商店街へでかけたので、ついでに少しまわり道をして山際の道を歩いた。草むらではツユクサの青と、ムラサキカタバミの紅色が美しくちらばっている。

ムラサキカタバミは花の柄も、葉の柄もひょろ長く、根元から直接柄を出している。葉はハート形の小葉をクローバーと同じように三枚合わせているが、柄が横に倒れていることが多く、花柄だけがすっきり立ち、その先には数コの花をつけている。花は一センチ半ほど、紅色の柔らかい五枚の花びらをもっていて美しい。花の色は、ムラサキと名前はついているが、むしろ紫の少しかかった紅色だ。

春早くから咲いていたカタバミもまだ残っている。黄色い花は紅色のムラサキカタバミの半分ほどだし、茎は地を這っていて、節々から葉や花の茎を立てているから、丈も低く見える。葉も緑色のものもあるが、鉄さび色に沈んだ色も多く、全体に地味で小柄だ。ムラサキカタバミは南米原産の帰化植物なので、ちょうど日本人とあちらの人の体格くらいの違いなのかもしれない。

八月三日　スベリヒユ

奥の谷戸へいってみたら、夏草が茂りだし畑はひび割れて、スベリヒユが這っているばかりだった。スベリヒユは赤紫色の太いぷちぷちした茎と、多肉質の葉をもっていて、乾いた土地でも水分を蒸発させないで生存できるようになっている。この草の若いうちにはゆでて食べたり、ゆでたものを乾燥させて保存食に作ったりする。ぬらぬらして案外においしいものだが、花の咲く前のものがいいというのに、今日はもう黄色い小さな花がついてしまっている。花は七ミリくらい、よく見れば梅の花みたいな五弁の花で、おしべは一二本、めしべは一本、きれいに整った花で、枝の先に一つずつついている。

スベリヒユを遠まきに囲むみたいに、畑の隅にはメヒシバやオヒシバ、それにイヌビエなどが茂っている。いずれも荒地に強いイネ科の草たちだ。

八月六日　ハマユウ

数年前の夏の初めに、友人の家で白ユリに似た美しい花を見た。大きな壺に花だけが三、四本入れられていたが、太い緑色の茎にラッパ状の七、八センチほどの花が数コついていた。しっとりと品がよく、ユリよりもあっさりした感じだった。初めて見る花だったが、友人は「ご近所からいただいたハマユウです」といっている。私はあの白い細長い花びらを六枚垂らしているハマユウならよく知っている。浜木綿《はまゆう》と書いて、古くからよく歌にも詠まれている美しい花だというのに、私が見るときにはいつもくたびれた感じで花びらを垂らしていた。もっとも、ハマユウは平均気温一五度の土地が北限だそうで、三浦半島では天神島まで、鎌倉の市内には自生しているハマユウはなくて、玄関先の狭い植込みや公園の花壇で見るものばかりだった。土地に合わないから本来の美しさが見られないのかもしれないとも思ったが、志摩半島へいったとき、海辺に咲いていたハマユウも、花とあの太い茎やオモトを巨大にしたような葉との釣合いが悪くて、好ましい花とは見えなかった。

友人の家であの品のよい花を「ハマユウ」と教えられたとき、これなら美しい浜木綿と呼ばれるにふさわしいと思い、勝手にあの細い花びらがそり返るようにして垂れ下がる前の姿がこれに違いないときめてしまった。

それ以来、私はハマユウに蕾がつき花が咲く様子を注意して眺めるようになったが、ハマユウの蕾は、中指ほどの細い白い棒のようなそっけないもので、その蕾が開くと、あの六枚のヒモのように細い花弁がヒガンバナのように、そり返るようにして垂れ下がる。その下の方には、細い筒部がついている。一本の茎には十コ以上の花がつくが、一度に咲ききるわけではないので、盛りを過ぎた花には茶色く枯れた花弁がぶら下がったまま残るので、なおさら汚ならしく見える。

私が美しいハマユウと思い込んでいたのは、たぶんインドハマユウという種類のものではないかと思う。それ以後この花を見たことはないが、庭に咲いているところはそれほど優美なものではないそうだ。私が見たのは雨の日だったから特別にしっとりと映ったのかもしれない。

ハマユウの仲間は葉がいかめしすぎるという人がいたが、ハマユウの別名はハマオモトで、オモトの葉を大きくしたような様子からついた名前である。オモトも赤い実をつける冬場にはそれらしく見えるが、夏の間は暑苦しい。ハマユウもほかの季節に咲いていたら、別な感想が湧いていたかもしれない。

今日、市内のある病院へ友人のお見舞いにいったら、玄関の横に数株花をつけていた。やっぱり感心できないなどと話していたら、入院中の友人が、海岸に群生しているハマユウの白い花はみごとなものだ、たくさんの白い花が波みたいに見えるといった。

帰りに金網ごしにこの花の匂いを嗅いだら、淡く甘い匂いがした。

八月八日　　エノコログサ

ネコジャラシと呼んでいるエノコログサが茂ってきた。葉も花穂も鮮やかな緑色に見える。この穂は子犬みたいにころころしているが、穂を作っている小さな花穂のもとから、のぎと呼ばれるかたい毛がはえているので、さわるとちかちかと痛い。だからこの穂でネコをじゃらすと面白いわけだ。

エノコログサは子犬にも似ているが、子犬の尻尾にも似ている。エノコログサがでる少し前、ヒグラシが鳴きはじめた頃から、山の尾根道のわきなどではオカトラノオが花をつけている。白い大きな花穂は、ふさふさとして一〇センチ近くもある。虎の尻尾に見立てるにしては、先端がしだいに細くなってしまうのがおかしいし、白い虎もあるまいと思っていたが、野生の虎を記録映画で見ていたら、本当にこの花穂に様子が似ていて驚いてしまった。白い花穂は最初は一方に傾いているが、しだいに真っすぐになってくる。そしてよく見ると、七、八ミリの小さな花が密集してこの尻尾を作っているのだ。小さな花はちょっと見たところ、花びらは五枚のように見える。しかし、引き抜いてさらによく見ると、先端が五つに深く裂けているだけである。

オカトラノオの若い葉も、なかなかきれいなものだ。先の尖った長楕円形の葉はにじんだような明るい緑色で、葉柄のあたりがえんじ色に染まっているのがアクセントになっている。

オカトラノオの白い花穂を見ると、ふっと思い出すのは園芸種の花の図鑑で見たことのあるウサギノオという花である。オカトラノオはサクラソウ科に属するが、ウサギノオはエノコログサと同じイネ科の草なので、葉や茎の様子はエノコログサによく似ている。花穂も同じようにのぎがでているが、色がもっと白っぽい。だからウサギの尻尾に見立てられたのだろう。五月に開花するそうだが、地中海の沿岸からやってきた花で、まだ野生のものはないようだ。

八月九日　　　　ホオズキ

クルマユリが枯れてしまったので、居間の花瓶に生ける花を探しに奥の谷戸を歩いた。毎年アザミの咲いていた土手はくずされ、石垣になってしまっている。ミソハギの咲いていた溝は道路工事で改修されて、ミソハギはコンクリートの下に埋められたようだ。アキカラマツもミズヒキもまだ早いし、赤いカンナは栽培している人のものだから勝手に切るわけにはいかない。

この二年ほど空き家になっている家の前を通ったら、庭に腰の丈ほどの夏草が茂っていた。

ヤマウド、ススキ、カヤツリグサ、ネコジャラシ、イヌタデ、オヒシバなどが重なりあって茂っている。その間にちらりと赤い色が見えたので、勝手に木戸を開けて入っていったら、ホオズキが数本赤い実をつけていた。真っすぐ一列に並んでいたから、前に住んでいた人が植えていったものだろう。ホオズキの花は夏の初めに黄ばんだ白色の小さな花をつけるが、花がぽろりと落ちた後、萼は見る見る大きくなって、あのホオズキの実をすっぽりとつつむ袋になってしまう。真っ赤に色づいたこの実は、花よりも派手で、ホオズキといえばこの実のことになってしまった。ホオズキという名の語源も、赤い血色のよい顔という意味からきているそうだ。

無人の庭でホオズキを二本もらい、それから庭を見まわしていたら、隅の方にミソハギが数本咲いていた。

ミソハギは六、七〇センチほどに育つ草花で、茎は真っすぐのびて、上へいくにしたがって枝分かれしている。小さな細長い葉は対生だが、面白いことに一段ごとに角度が九〇度ずつずれているので、真上から見ると十字形になっている。赤紫色の小さな花は、数コずつかたまって葉っぱのつけ根についている。小さくかたまってはいるが、よく見れば花びらは六枚、その真ん中に長短一二本のおしべがある。

ごく地味な花だが、お盆の頃に一度は生けてみたくなるような懐かしさがあるので、私は毎年谷戸で切っていた。今年はだめかと思ったら、この庭の隅に一株だけ細々と咲いていた。二、三本もらい、あとは丈の高いエノコログサと合わせて生けることにした。犬の尻尾みたいなこの花穂も、壺に入れると涼し気で悪くはないものだ。

八月十日　　　イヌホオズキ

裏庭の崖の下には、夏になるとイヌホオズキが群生する。あまり日のささない湿地で、ほかにはヤマウドとヨウシュヤマゴボウ、端の方にチヂミザサがあるくらいだ。イヌホオズキは最初、何気ない小さな楕円形の葉を二つ三つ見せている、毛のないヒヨドリジョウゴみたいだった。しばらくしていってみると茎は枝分かれして横にひろがり、葉を青々と茂らせ、丈は五、六〇センチにもなっている。白い花は七ミリほどの小さなもので、先が深く五つに裂けていて、ホオズキに似ている。しかし、実がなるとホオズキのような頭巾はなく、六ミリくらいの丸い黒い実がつくだけである。

八月十五日　　　ノササゲ

家の門の前にある隣の竹藪の端にヤブガラシが茂っている。ヤブガラシとは藪枯らしの意味で、巻きひげで他の植物にからまりついて藪のように強いものでも枯らしてしまうという意味だが、今のところは竹藪のモウソウチクは、特別この茶色のつるにいじめられているようにも見えない。

少し離れてヤエムグラやカナムグラが茂り、クズもそのむこうに見える。そういえば家の庭でもカラスウリやノササゲがつるをのばしているし、ただ今、つる性の草の全盛期といった趣である。うちの庭先や近くの道端に茂っているつる草を整理してメモしてみよう。

センニンソウ　土手や山際の草むらに、白い十字の花が群がるように咲いている。近寄ってみると、長さ五センチほどのハート形の葉を何枚かつなげながら、つるがからまりあうように這いあがっている。花は二センチ足らずだが、真っ白で、たくさん群がっているのでよく目立つ。仙人草とは似合わない名前だと思うが、これは花が散った後にできる実につくひげを仙人の鬚に見立てたのだから仕方がない。この花には手を出してはいけない。つるからでる汁は毒汁で、汁のついたところは必ずかぶれてしまう。このつるを折って口にくわえたら、口の中から食道まではれてしまう。仙人というより魔女というべきかもしれない。

ヘクソカズラ　乾いた車道の端や山裾の雑木などの間に、長くつるをのばして白い一センチほどの筒形の花を咲かせる。一見ラッパ形の花は、よく見ると先端が五枚に破れて平らになっている。筒の内部は鈍い紫色で、小さな花はつるに通してつなげでもしたようにたくさん咲く。このつるも折らないほうがいい。毒性はないが、名前にふさわしい悪臭をもっている。

クズ　粗い毛をもじゃもじゃと生やした丈夫な太い茎を、大蛇みたいにどんどんのばしてしまう。長い柄の先に手の平ほどもある大きな葉が三枚ずつついていて、その柄のそばから、赤紫色の花が密集して大きな花穂を作っている。秋の七草の一つで、昔の暦では八月は秋である。

ノササゲ　庭のツツジの植込みの間から、毎年夏になると針金みたいな細いつるをのばしてきて、クズみたいに三枚の小葉を長い柄の先につける。しかし、クズが粗い毛をつけてごわごわした感じなのにくらべて、ノササゲの葉は絹の手ざわりとでもいおうか。ごくごく薄い葉で、表側は無毛、色も薄い緑色で、裏側は粉をふいたように白い。花は葉の柄のつけ根に、レモン色の小さな蝶形花を長い筒状の萼につつんで、いくつもつける。目立たないようでいて、品のよい可愛い花である。

八月十六日　　　　　クサギ

自転車で坂道を登っていたら、花をつけたクサギが枝を塀の外へのばしていた。自転車に乗ったまま腰を浮かせて花の近くへ顔を近づけたら、甘い香りが通り過ぎていった。

この花はいい香りをもっているし、枝先にいっぱいつく白い五弁の花は、長くつきだした花糸と赤紫色の萼とが重なりあって、遠くから見ると赤い大きなかたまりがもやっているようで美しい。花が終って、色濃くなる萼もいいものだが、折ると枝や葉から青くさい異様な悪臭がする。それに、花のないときのこの葉はうっとうしいばかりの茂り方をする。庭にわざわざクサギを植える人の気が知れないなどといいながら、花の時期には遠くから楽しませてもらってしまう。

八月十八日　　　　　タマアジサイ

裏の崖の上でタマアジサイの花が咲いていた。花は縁に装飾花をもっていて、ガクアジサイを小さく地味にしたようなものだ。花の咲く前は緑色の総包にしっかりとつつまれている。蕾は球状、蕾を玉に見立ててこの名前がついている。花だけ見ているとヤマアジサイに似ているが、ヤマアジサイの蕾はこんなふうに玉にはならない。また、花に似ぬ大型の長楕円形の葉は、長さが一〇センチから二〇センチくらい、両面に粗い毛が生えていて、見ているだけでざらざらした感触が伝わってくる。庭の他のアジサイの葉は、雨水をはねて輝くような光沢があるというのに、この葉は、玉あじさいという美し気な名前からは想像できないむさくるしさである。

このタマアジサイは、鎌倉から金沢八景へ抜ける朝夷奈切通の山道からひと枝もらってきて育てたものである。この旧道の両側にはタマアジサイが群生しているので、夏休みになるとよく歩いた。ツリフネソウやヤマアジサイなども多く、日陰のひんやりした道は夏の山歩きには楽しかったし、山道につらなるタマアジサイの花も好ましく見えた。そしてこの玉が割れて、中から薄紫色の花が咲きだしてくるのは可愛らしいと聞いて、自分の家の庭へ植えてその様子を眺めてみたくなったのだった。

家の庭へ植えてみると葉のむさくるしさばかりが目について、ときどきいまいましいような気になった。庭へ植える植物は、たとえばペットの動物のように人間に快さそうなものばかりを集めてしまう。庭というものは、そんなふうに作られてしまうものだろうか。自分では、庭師の作った技巧的な庭園を嫌っているつもりだったので、昨日見たクサギや、今日のタマアジサイを思い出したら、ちょっと、自分のまわりの植物を眺めなおしたくなってしまった。

八月二十三日　　カヤツリグサ

藪蚊が多いので、夏の間あまり庭へでなかった。今日久しぶりに庭の掃除をしたら、懐かしい草がいっぱい生えていた。夏の日ざしは強く、日陰がちのうちの庭も土が乾いて荒れ地むきの強い雑草が多い。たとえばカヤツリグサが二株、丈を四〇センチにものばしている。茎の断面は三角形で、すっくと真っすぐのびていて、根元のところが少し紫がかっている。その茎の先っぽで花穂が枝分かれして小穂をいっぱいつけている。穂の下から葉の形をした緑色の包が長くのびている。ナマズの髭みたいに空中でゆらゆらゆれている。

娘が小学生の頃、この花を見て「緑の花火みたいね」といったことがあった。花穂の枝分かれしてあちこちにのびている様子や包の形が、花火の火花が散るところみたいに見えたのだろう。昔の子供は、この草の茎を上と下から引っぱって四本に分かれさせ、四角形にできたところを蚊帳に見立て、「蚊帳がつれた」といって遊んだものだ。今では蚊帳をつる家もないのだから、緑色の稜線でできた四角形を見ても蚊帳を想像することはないだろう。

花茎を裂く遊びはもうしないが、この草も懐かしいから花瓶に生ける。低い丈のものは、小さな瓶に、大きいものは大きい花瓶におさまる。この茎は丈夫なので花ばさみをもっていって茎を切り取る。すると懐かしいような、ひなたくさいような匂いがしてきて、何かの匂いに似ていると考えていたら、蚊帳の匂いだった。

またエノキグサも数本生えている。葉がエノキの葉に似ているので、この名前がつけられたそうだ。形は似ているとしても、葉の表面に粗毛が生えているこの草は雑草然と荒っぽくて、エノキの若葉が萌えでてくるときの快さは感じられない。しかし、葉柄のわきについている褐色の花は、編笠を二つ折にしたような包につつまれていて面白い。草丈は数十センチにもなり、葉は長い柄をつけて六、七センチにもなるのに、この花はほんの一センチ足らずの包におさまっている。地味な花なのだが、包の形の面白さで、一度見ただけで覚えてしまう。もう一つの名はアミガサソウで、このほうがよくわかる名前だと思う。

秋

九月

花の中を歩くように

暑さがほんの少し盛りを過ぎた気配を見せると、私の散歩道では秋の野の草が花をつけてしまう。もう野原と呼ぶほどのひろびろとした平地はなくなってしまったが、道端のわずかな地面や古くからの土手、まばらな藪の中や山裾の荒れ地など、少しばかり残っている地面には自然に草がのび、花が咲いている。

淡い紅色のツルボが並び、アキカラマツのクリーム色の花がゆれている。ヨメナやノコンギクなど、薄紫色の小さな野菊が咲きこぼれ、ツリガネニンジンが小指の先ほどの釣鐘を下げている。ナンテンハギの赤紫色の花は草むらに埋まっているし、ヌスビトハギがのばした枝には小さな花がまぶしい。ワレモコウの俵形の花穂のえんじ色は深くなり、アカマンマともいうイヌタデが茂り、ミズヒキの細い花穂が赤くからまりあうようにのびている。そして、クライマックスを告げる花火かなにかのように、ヒガンバナがぱっと咲く。

秋草の散歩道を歩いていると、私はふっと、花のいっぱい咲いている高原の野原を歩いているような気がしてしまう。実際には、懐かしい花は道端のわずかな地面にまばらに咲いているだけなのに、膝には花を押しわけながら歩いているような感触が残っている。

秋草で埋まった野原を何度か歩いたことがあるが、それほど強烈な体験だったのだろうか。それとも、秋の草花はそんなふうに咲いていてほしいとひそかに願っているのだろうか。

足田輝一氏は「日本人はどうして、昔から秋の草がこんなに好きだったのだろうか」と問い、日本人の伝統の中には秋の情緒が色濃く染めこまれていると指摘されている。たしかに優しくゆれる秋の草花は、私たちの心をなぜか懐かしい感情でいっぱいにする。たとえば夏激しい蝉時雨の中でふっとこの合唱が止まるとき、蝉たちがみな息絶えてしまうように感じることがある。咲き乱れている秋草のむこうに私たちは無意識のうちに枯れ野を見ているので、今咲いている花がいっそうしみじみと感じられるのではないだろうか。

春と秋とどちらを愛するかという万葉以来の論争でいつも秋が優勢だったのは、日本の伝統の中には、消えていくものに対する愛惜や、ひいては、「彼岸」に対する憧憬が消しがたく存在しているからではないだろうか。足もとのわずかな秋草は、眠っている憧憬をかき立て、頭の中に花野をよみがえらせ、膝やふくらはぎが触れている秋草を感じさせる。

「秋の七草」をめぐって

昔からいい伝えられている「秋の七草」は、『万葉集』巻八の山上憶良の次の二首によるものである。

　秋の野に咲きたる花を指《およ》び折りかき数ふれば七種《ななくさ》の花
　萩《はぎ》の花尾花《をばな》葛花《くずばな》瞿麦《なでしこ》の花女郎花《をみなへし》また藤袴《ふぢばかま》朝貌《あさがほ》の花

七種の名前を今の植物名にいいなおしてみると、ハギ、ススキ、クズ、ナデシコ、オミナエシ、フジバカマ、そして朝がほはキキョウかヒルガオかと論争されていたが、今ではどうやらキキョウとするのが定説のようである。

フジバカマはもともと栽培種として奈良時代に輸入されたもので、野生は少ない。これを同じ仲間のヒヨドリバナで代用させていただくとすれば、この七草は身近な親しみのある花ばかりだ。七、八年前なら鎌倉でも山野に自生するこの七草を眺めることができた。急速に都市化が進んだ今では、オミナエシが鎌倉の山野から姿を消してしまったし、キキョウも目につく植物だから、まもなく同じ運命をたどるだろう。種子や株でふえるものにくらべると、根茎によって芽を出すものは掘り出されればそれまでである。しかし、もう少し開けていない土地にいけば、今でもこの七草はありふれた花といってよいだろう。

「春の七草」が摘み草のための若葉をあげているのに対し、「秋の七草」は美しい草花をあげたものだといわれている。だが、いったいどんな美しさを基準にしたものなのだろうか。秋らしい可憐な草花ということだったら、なぜ野菊が入らないのだろう。また、しゃじんと呼ばれるツリガネニンジンやイワシャジンなどの可愛い釣鐘の花は入らないのだろうか。華やかな花というのなら、ヒガンバナを落とすのはおかしい。

ススキが入っているので、秋らしいさびしさのある花といわれているようだが、それならワレモコウをいちばん先に選びたくなるのではないだろうか。

フジバカマの匂いはよいが、あの少し紫のかかったぼってりした白い花穂は、美しいというほどのものだろうか。もしかしたら、この七草は花の色に変化をもたせているのかもしれない。

黄色のオミナエシ、薄紅色のナデシコ、銀色のススキ、紫色のキキョウ、薄紫色のフジバカマ、ハギとクズが赤紫色で重なるが、ハギには白い花もある。この時代に白いハギがもてはやされていた、というような事実があれば面白い。前川文夫氏の「秋の七草」という一文の中に「シラハギが朝鮮からもう入っていたか否かがむずかしいところです。もしも朝鮮から入っていたらたぶんこれがハギの主座でしょう」（『植物入門』）と書いてあったが、落着いて読みなおしてみると、万葉の頃のハギのひとつに、この種類が入っていたかもしれない、というだけのことだった。シラハギとはいうが紫色のものもあるそうだし、朝鮮から入っていたにしても、ひろくハギとして親しまれていたものは、ヤマハギやキハギなどの昔から日本に自生していたものだった。色どりを考えたとまではいえても、七色と考えるのは無理かもしれない。

薬草を研究する薬剤師の人たちといっしょに秋の山を歩いたことがあった。そのとき気づいたのだが、秋の七草は薬草になる草が並んでいる。ハギだけがたいして薬効がないが、もともとこれだけが灌木なのはおかしい。ハギはヌスビトハギなり、フタバハギなりに置きかえて考えてみたらどうだろうか。しかし、花も咲き、薬にもなるというのなら、ゲンノショウコやトリカブトが入っていないのもおかしい。それに、薬草というと特別な植物のように思いがちだが、劇的な効果のある薬草は別にして、ごく身近な草が使い方ひとつで薬効を生じる。薬用になるからといって薬草をあげた、と考えるのもこじつけかもしれない。

先日ある雑誌を見ていたら、ヒガンバナが秋の七草に入れてもらえないのは、この花の毒々しさ、花の時期に葉ひとつもたない異形ぶりの故だろうと書いている人がいた。ヒガンバナはたしかに死人花などといわれ、不吉な花だと思われた時代もあったが、この花を無心に眺めれば鮮烈な美しさに打たれるのが自然ではないだろうか。私はこの花が好きで、毒々しいなどと感じたことは一度もないので、このいい方には反発を覚えた。そして贔屓のついでに、七草にあげられているのが、秋の早い時期のものばかりであることに気がついた。七月に咲いているナデシコをはじめ、ほとんどが八月のうちに花をつけたり、蕾を見せたりしてしまう。名前どおり彼岸にならなければでてこないヒガンバナとは、花の時期が違うのだ。

暦の上では立秋は八月七日頃である。夏の暑さが厳しかった故か、または冬の寒さも現代人には想像できないほど苛酷だった故か、暑さが峠を越す時期に素早く季節の変り目をよみとったのではないだろうか。「秋の七草」は、そんなときの野原の状況を詠んだものだと考えれば、七つの花が雑然と選ばれたところがかえって味わいがある。

庭の彼岸花——ヒガンバナ

ヒガンバナの別の名は曼珠沙華《まんじゅしゃげ》、梵語で赤い花という意味だそうである。田んぼのあぜや土手などにかたまって咲いていると、激しい赤一色であたりを埋めつくしてしまう。

人里離れた山中では見ない花だが、なぜか墓地にも多い。死人花だの毒花だのと呼ばれて不吉がられるのは、その故もあるのかもしれない。

今の家に引っ越してきて初めての秋のことだった。庭へ出てふっと気がつくと、クマザサの茂みの間からあの真っ赤なヒガンバナが三本咲きだしていた。そんなところに花が咲くとは思ってもみなかったし、草の芽にも蕾にも気がつかないうちに、突然あの真っ赤な花が咲いてしまったのだ。とても驚いて、夢でも見ているような気がした。

ヒガンバナは縁起が悪いから庭には植えないものだそうだが、そうして見ていると、秋の庭によく似合っていた。あの強烈な赤い花を美しいとは思ったが、毒々しくは見えなかった。懐かしい感じはしたが、不吉な感じなどしなかった。

気がついてみると私の家だけでなく、ヒガンバナは近所の家の垣根や土手で咲いていた。このあたりは昔からある住宅地なので、自然の地形にあまり手を加えないで家を建ててある。ヒガンバナも家を建てる前からこの土地に生えていたものかもしれない。

私は最初の秋に見た三本のヒガンバナが気に入ってしまったので、もう少し植えてみたいような気がした。花屋へいって聞いてみると、赤いヒガンバナは扱っていないが、白いものなら球根があるという。あの鮮やかな赤がこの花の身上だと思っていたので、白い花では気がすすまなかったが、ひと株だけ買ってみた。後で図鑑で調べてみると、ショウキズイセンとヒガンバナの雑種で、シロバナマンジュシャゲと呼ばれているものだった。マンジュシャゲが赤い花という意味なら、この花は〝白花赤い花〟というわけで変な名前である。

近所に自動車の走る表通りに面して、五、六百坪もの原っぱが残っていた。道路側は丈の高い笹が塀がわりの藪を作っていたし、一間あまりの入り口には簡単な柵があったので、物好きにこの空き地へ入ってくる人はほとんどなかった。しかし私は、春の間はこの原っぱでヨメナやツクシを摘んだし、太くて柔らかなヤマウドを何度もとった。ヤマウドはわざわざ育てているような大きな株が十カ所ほどもあった。夏の間は草が茂ってしまい、クズのつるに足をとられるのでごぶさたしていたが、秋になると、笹の藪のまわりで何百本ものヒガンバナが咲いていた。車の交通量がふえるにつれ、原っぱの植物はほこりっぽくなっていったが、ヒガンバナだけはいつも鮮やかに赤く見えた。

ある朝、駅前まで急用があって急いで家をでると、この原っぱにブルドーザーが入って土地を掘り起こしていた。あの笹の根を掘り起こしている。土地をならしてここに家が建つのだという。ヒガンバナの根も土の中からころがりでたり、シャベルで切られて鱗片が白い傷口を見せたりしていた。

私は工事の人に、その球根どうなさるのと大声で聞いた。私が欲しそうな顔をしていたに違いない。そのとき初めて土の中のヒガンバナに気づいた工事の人は、仕事の手を休めて球根を拾い出し、「もってってもいいよ」といってくださった。私はありあわせの紙袋に入るだけのヒガンバナを入れた。三〇株ほどもあったろうか。原っぱはいつかはなくなるものだと思っていたが、ヒガンバナが自分の庭に移植できるとは思っていなかったので、腕いっぱいの重みがうれしくてたまらなかった。用事をすませてからお礼に煙草をいくつか届け、庭のあちこちに球根を埋めた。全部かためて植えたほうが花時がみごとだろうかとも思ったが、縁側からもあちこちの窓からも見えるのがいいような気がして、何カ所かに分散させてみた。

仕事を終って夕方買い物にでると、あの原っぱの前には朝もらった何倍かの球根が積んであって、これも私にくださるというものだった。

こうして全部で百株を優に超えるヒガンバナが、たいして広くもない庭に植えられてしまった。秋になったらさぞかし庭が真っ赤になることだろうと思ったが、花は半分ほどしかつかなかった。翌年は土地になれてもっと多くなると思ったが、やはり全部は咲かなかった。もしかしたら、この花は一年おきに花をつけるのかもしれない。シロバナマンジュシャゲも最初のうちは一年おきに花をつけていたが、この三年ほど花を見せない。しかしあの剣状の葉は毎年でてくるから、消えてしまったわけではない。シロバナマンジュシャゲの葉はヒガンバナより少し幅が広く、色も薄紅になるが、同じように真ん中にぼんやりとした白い線を引いている。

四、五〇本のヒガンバナは、庭の数カ所にかたまって咲いている。庭を染めるどころか、ひっそりと咲いているような感じさえする。どこに植えてあるかはよくわかっているのだが、花は突然に土の中からのびてくるような感じだ。ヒガンバナの葉は花茎が枯れてしまってからでてくるので、花が咲くときには、まず黄色っぽい剣先のような花芽がぽつんと地上にでてくる。数日のうちに丈は三〇センチにものび、花茎の先には数コの細長い蕾がついている。蕾が開くと、真っ赤な細長い六枚の花びら（三枚は萼の変化したものだが）がそり返るように、花びらより長い六本のおしべと一本のめしべが、これも真っ赤に染まって花びらよりも長くのびている。花は六つほど、みんな横向きにつく。六つの花が一本の花茎の上に輪をえがくようにかたまって咲いているのは、花火がぱっと散ったところのようだ。

花と真っすぐのびた茎だけで葉が一枚もないから、あの赤が際立って見えるのかもしれない。

葉のない茎はむき出しで無防備に見えるが、事実とても折れやすい。夜の間に犬や猫が庭を横切ったのだろうか。朝になるとよく茎が折れて倒れている花がある。しかし、しおれかけているものでも、その日のうちに水に入れると、水を吸ってぴんとしてしまう。

ヒガンバナという名前は、ちょうどお彼岸の頃に咲くというのでつけられたものだが、本当にこの十数年うちの庭でお彼岸にこの花の咲かなかったことはない。ちょうど暑さと寒さの変り目で、その年の気候があまり花時に影響しない故かもしれない。また例年より十日も早く咲いた年もあったが、この花は一度に全部咲いてしまうように見えて、案外次々と花茎をのばし花を咲かせる。だから一つの花は数日の命でも、咲きはじめてから十日以上も花があり、その間にお彼岸に入ってしまうわけである。

花がすっかり終って、秋の終りになって葉がでてくる。細い線のような葉だが、よく茂ること。花茎は一株に一本、それも咲かない年もあるというのに、葉はどの株からも何本もでて、うっとうしいほど多い。この葉が茂ると庭がうるさくなったような気がするのに、冬の間も元気で、桜の頃まで茂っている。昔からヒガンバナを庭に植えなかったのは、もしかしたら、花の間は短いのに、あのうっとうしいほどの葉が春まで居すわっているのが嫌われたのではないだろうか。

分譲地の植物——ドクウツギ

山や林を切り開いて分譲するために造成した住宅地を山の上から眺めると、土地を丸裸にしてコンクリートでおおってしまったように見える。緑でおおわれていた頃を知っている者にとっては、人間が不遜な企てをして自然を追放してしまったような感じがし、悪い夢でも見ているようにこの新しい街を眺めることがある。

しかし分譲地の中を歩いてみると、コンクリートは整然と敷かれた道路の部分だけで、それぞれの家では、庭に樹木を植え、草花を大切に育てている。珍しい草花を垣根越しに眺めながら歩くのも楽しいものだ。

また、まだ家の建っていない空き地には思わぬ植物が残っていたり、芽を出してきたりする。シャラノキ、オオバヤシャブシ、ドクウツギを初めて見たのも、家から山ひとつへだてたところにできた分譲地でのことだった。

ドクウツギを見たのは九月の初めのことだった。K先生につれられて山ぎわに残っている空き地へ入っていくと、人間の丈ほどのドクウツギが数本からまりあって藪を作っていた。ブドウを思わせる赤い、おいしそうな実が下がっている。羽状をした葉の柄が透明感のある濃い紅色で、人目を引く鮮やかさだった。

ドクウツギにわらべ殺しと異名があるのは、子供がこのおいしそうな実をつい口にしてしまい、半日もしないうちに命を失ってしまうからといわれている。しかもこの猛毒をもった実は、かすかな甘味があること、ブドウを思わせる色や形をしていることなど、子供たちを引き寄せる誘因をもっている。私にはこの真紅の葉柄が特に印象的だった。恐ろしいことに、美しさが加わるといっそう凄みがますものだ。

その空き地は七十坪ほどで、隣接した土地にはこぢんまりした家が建っていて、ときどき赤ん坊の泣き声が聞こえていた。どこか近所の家で幼い子供たちが集まっていたのだろうか。子供たちのはしゃいだ声がしていた。平和な初秋の生活に囲まれてこの毒植物は熟しきっていた。私は平穏な生活というものが、こんなふうに薄い膜ひとつにおおわれて、悲劇を内蔵しているのを空恐ろしく感じたものだった。

ドクウツギのあった空き地にはもう家が建ってしまった。分譲地を作るときにも、草や樹木は全部削りとられてしまったはずなのに、どうしてあそこにドクウツギが生えていたのだろう。実を落としていたのか、根がブルドーザーの刃の間で生き残ったのか。いずれにしても、ドクウツギはこの土地に生えていたものが生きのびたものなのだろうが、分譲地にはこの地方の植生では考えられないものも生えている。

ある日K先生が「珍しいものが分譲地にありましたよ」と、押し花にした草花をくださった。幅一センチ、長さ六、七センチほどの細長い葉には長い綿毛が密生していて、茎の頂上にハハコグサの黄色い花を白く、大きくしたような花がかたまって咲いていた。ヤマハハコという一〇〇〇メートルくらいの山地で見られる草花だから、海辺の住宅地に咲いているのは珍しい。

K先生のお仲間は、アメリカでヤマハハコが平地にずいぶん多いのを見られたそうだ。だからたぶんこのヤマハハコは帰化植物だったのではないかというのが先生方の推測だった。一度すっかり掘り返されてしまう分譲地には、帰化植物が入りやすいのだろう。ヤマハハコに限らず、セイヨウタンポポ、アレチノギクなどと、帰化植物が多くなる。しかし一度は芽を出し、勢いよく群生するかに見える植物も、土地に合わなければしだいに姿を消してしまう。ヤマハハコも、この数年の間にかなり少なくなってしまったが、土地を放っておけば繁茂するのは、ススキ、クズなどである。

ススキの根元でナンバンギセルを発見したのも、夏の終りのことだった。ナンバンギセルとは今でいえばパイプのことで、その名のとおり二〇センチほどの花茎の先につく萼は横向きにのび、その中につつまれた花は、パイプの先のように横に曲がっている。花というにしては奇妙な形だし、名前からしてハイカラなこの寄生植物は、外国から入ってきた帰化植物のように思えるが、実は万葉の時代からあったものである。

道の邊の尾花がしたの思ひ草今さらになど物か思はむ（『万葉集』巻一〇）

という歌の思ひ草がナンバンギセルのことで、大きな花袋が横に垂れているところが、首をかしげて物思いにふけっている姿を思わせる。

『万葉集』も、なにかむき出しな感じのする奇妙なこの花も、新しい住宅地には似合わないと思うのだが、毎年空き地のススキの下から何本ものキセルがのびている。

ナンバンギセルがでる頃、黄金色の花穂をきらきらさせるのはコバンソウである。五月頃小判の形をした花穂を出すときには緑色をしているが、真夏になると黄味をおびてくるので、本当に小判草という名前がふさわしい。黄金色になったところで刈りとっておくと天然のドライフラワーで、そのままの姿をとどめている。ひと頃分譲地では、コバンソウが飾ってある家が多かったものだ。小判などという名前がついているから、この植物も古くから日本にあったものかと思ったら、明治にヨーロッパから入ってきた帰化植物だそうだ。ススキと同じイネ科の植物だし、少し荒れた空き地などに強い植物なのかもしれない。

分譲地の宅地部分は道路から少し高くなっているので、ちょうど眺めよい高さになる。また切りとったように残されている空き地は、草の茂みに枠をつけてちょうどレンズの中にとらえてしまったように、小さな草花を見やすくしてくれる。

空き地に次々と生えてくる植物を眺めていると、植物の生命は人間が考えているよりずっと強いのを知らされる。大地に強い復元力があると知ると、地球や人間の未来が明るくなるように感じられるものだ。

❀九月のメモから

九月二日　　　ツルボ

二学期がはじまって、やっと子供たちは学校に収容されて静かな街がやってきた。朝のうちに仕事をすませて、少し遠くまで歩いてみた。

ツルボがでている。隣にはワレモコウの花が見える。アズキ菜やツリガネニンジンの花が咲いている。アキノタムラソウもヤブミョウガも残っていて、草の花がにぎやかだ。

ツルボは小指の先ほどの紫がかった淡紅色の花穂を何本も並べる。つらなってでてくるからツルボという名前がついたとか。ヒガンバナのように花茎だけが先にでてくるように見えるが、よく見ると根元から薄緑色の剣状の葉が二枚でている。この葉は、ぴんとのびることが少なくて、元気なくうずくまっていることが多い。ツルボの花穂も盛りをすぎると、毛糸で作った動物の尻尾のようにもやもやとしてしまう。

ワレモコウは濃いえんじ色の花穂をつける。変った形の花なので、花が終った後の実だと思っていた人もいる。この花穂は小さな花の集まりで、えんじ色は四枚の萼の色、花びらはもっていない。ある作家の文章に「吾木香の花びらがはらはらと散った」と書かれているそうだが、ワレモコウは花びらもないし、花穂はそのまま朽ちてしまう。昔、のこぎり葉と呼ばれていたのは、小判形の葉のへりに、ぎざぎざの鋸歯がついているからだ。

ナンテンハギはハギの花に似た花をつけている。ハギのような木質の枝にではなく、細い草の葉の間に咲いているのが優しい美しさだ。薄紫色の小さな菊の花をつけるヨメナも、釣鐘形の花をつけるツリガネニンジンも可愛いが、春の間は、魅力のある山菜だった。散歩道のわきにある小さな地面は、こうして春に秋に楽しみを生みだしてくれる。

九月五日

カラスビシャク

奥の谷戸の土手で、カラスビシャクが青白い仏焔包につつまれた花を見せている。一カ所見つけると、必ず二、三株はあるのは、この芽がムカゴ（肉芽）で発芽するものだからだろうか。

カラスビシャクは丈二〇センチ足らず、柔らかなすべすべした三枚の小葉を集めた葉が、長い細い柄を根元からのばしている。ムカゴは小葉の元のところにつく。花茎も一本で、先っぽにゆるくつつみ込んだような包がつき、その中の上部に雄花、下部に緑色の雌花をつけている。

カラスビシャクを掘ると、丸い小さな根茎がでてくるが、これは漢方でつわりの薬として使うことで知られている。

九月十五日

サンゴジュ

サンゴジュの実が赤く熟れて、秋の日を透かすようにして輝いている。秋の花は、木の花も草の花もたいていはあっさりした感じがするものだが、そのかわりというようにいろいろな果実が赤に、黄に、また青に実っていく。

サンゴジュは秋いちばんに赤く熟して、冬に入っても黒く変色した実をつけている。

サンゴジュはこの街では生け垣として植えられているので、丈も人間の額を越えたくらいのものが多い。本当は一〇メートル近くにもなる高木で、公園や山の林の中で思いっきりのびたサンゴジュにであうと、この赤い大きな房が垣根のものとは別なもののように立派に見える。

また新緑の頃なら、この厚みのある一五センチほどの長円形の葉の美しく、立派なことにも感心してしまう。

この葉がよく茂って一年中青々としているから、かわいそうに生け垣に利用され、頭を刈り込まれてしまう。そのかわり垣根になったおかげで、六月に咲く白く地味な花もこの珊瑚《さんご》のように赤い実も、目の高さでよく眺められる。赤の実の一つ一つはほんの六、七ミリの小さな楕円だが、なにしろ一〇〇コ近くも集まっているのだから、円錐形の立派な房になってしまう。暇なときこの房を数えてみたら、九三コあったことがある。

九月十八日

オケラ

友人の家の茶室で籠に生けてある秋草を見た。ミズヒキ、キンミズヒキ、ワレモコウ、ホトトギス、ヤブミョウガ、ヨメナ、オケラの七種が、秋の野原を小さくしたように、籠の中に収まっていた。

七種のうち今年初めて見るのはオケラだけである。オケラは家の近くでは、人のあまり歩かない山の尾根道などにあるので、この花の咲く季節は、歩きにくいほどに草が茂ってしまう。春早く、山を歩くのが楽しい頃は、この若芽は苦味のないヨメナといった感じで、貴重な山菜だ。ヨメナほどには数がないので、人目について摘まれてしまわないように、無事に育って秋の花が見られるようにと、枯れ葉でもかけてかくしておきたくなるものだった。実際には、花の咲いたところを見にいくことは少ないのだが、あの柔らかかった葉はかたくなり、縁には小さな刺状の鋸歯までついている。丈も四〇センチから一メートル近いものまである。

花はアザミの花に似た管状花を集めた頭状花で、今日見たのは目にしみるように真っ白だった。去年、友人からもらったオケラも純白で、私はこの凛としたまでの白さがこの花の生命ではないかと思っていたら、本当は、白から紅色まであるそうだ。私は偶然に白の強い花ばかり見ていたわけである。

むしろ特色といったら、花の下に針みたいに細い包葉をもっていることだ。二列に並んだこの細い包葉は、よく「魚の骨のような形」と説明されている。

九月二十日

ヤマトリカブト

裏の崖の途中にヤマトリカブトの花が二つ咲いている。紫色のこの花は、カブトという名前のとおり、エボシの形をしている。葉は深い裂け目のある掌状で、細い茎から枝分かれしたみたいに長い柄を出して互い違いについている。茎は折れるように曲がってのびているが、葉も茎も草むらに埋まっているので、今はよく見えない。春先に若芽がでてきたときは、まわりの草が小さかったのでよく見えていた。美しい赤紫色で、ちょっと食べてみたいような柔らかな感じの若葉だったが、これは毒草である。特に根茎には猛毒があって、アイヌをはじめ狩猟をして暮らしてきた民族の間では、矢じりにこの汁を塗って動物を射た例が多い。今ではリュウマチなどの鎮痛剤としてよく使われている。

またハナトリカブトという観賞用に栽培される種類がある。花もたくさんついていて茎も太く、真っすぐのびているが、野のトリカブトを見た後では、花屋のトリカブトは、でんと突っ立っている肥満児みたいで面白味がないものだ。

九月三十日　イワシャジン

喉をはらして、鉄筋ビルの三階にある耳鼻科へいったら、受付にイワシャジンの鉢植えがあった。シャジンとは沙参、ツリガネニンジンの仲間を中国ではこう呼んでいる。イワシャジンは中部地方の一部の山にだけ生える高山植物である。私はイワシャジンの実物を見るのは初めてだった。

花は鎌倉で見るツリガネニンジンの仲間の二倍はあろうか。長さ二センチほど、色は冴えざえとして紫色。葉が柳の葉のように細い。印象的だったのは、糸のように細い茎だった。枝分かれした茎は横へと枝を張り、細い枝の先に釣鐘を下げている。こんなに細い枝が花を下げていられるのが、生きているということなのだ。この枝が水を吸いあげる力を失えば、こんなふうに花を下げて空中に枝をのばしているわけにはいかない。

十月

匂いのある街――キンモクセイ

　子供の運動会の日が近づくと、私は毎朝楽しい期待をもって、廊下のガラス戸を開ける。庭の隅にあるキンモクセイがその朝咲いているかもしれない。マーラーの『大地の歌』の中に、「春は夜を通してやってきた」（山根銀二訳）という一節があるけれど、キンモクセイの花が咲くと、いつもこの詩を思い出してしまう。あのごわごわしたかたくて広い葉のつけ根に、ある朝まったく突然花がついてしまう。モクセイの花は夜を通してやってきたのだ。はっきりと強く甘い香りが庭じゅうに漂う。ガラス戸を開けると、よい香りは部屋の中にまで流れてくる。

　遠くから見ている限りでは、葉の間に見えるのは、枝にくっついているごく小さなオレンジ色の粒々にすぎない。だが近づいてみると、この粒は、先端が四つに裂けた直径五ミリほどの合弁花で、枝から短い柄を出し、束になって咲いているのだ。明るいオレンジ色はいま生れたばかりの柔らかさで、冴えざえとした様子は、匂うようなとでもいってみたいのだけれど、本当に匂っているのだから困ってしまう。匂いが鮮やかすぎてこの花については語られることがないようだが、私は毎年のことなのに、この花に近づく度に色の美しさに目を見張る。こんなに美しいオレンジ色のセーターをもっていたら、寒さの近づくのが待ち遠しいことだろう。

　鎌倉では、庭にキンモクセイを植えている家が多い。お寺や学校にも、それぞれに古い大きな木がある。そのうえ、この花は遠くまで匂うので、キンモクセイの季節には、鎌倉では街じゆうにこの花の香りが漂っている。歩くのによい季節なので、私は外出したついでに、遠まわりしながら歩いて帰ってくるようにする。みごとなキンモクセイのある家を思い出して、訪ねるように歩くのもいいけれど、夕闇のせまった裏道などを当てもなく歩いていて、香りの縞をくぐり抜けでもするように、どこかに生えているキンモクセイからの香りに次々とであうのはとても楽しい。わくわくしてしまう。

キンモクセイの香りにであうと、ときどき運動会のざわめきが耳もとによみがえることがある。私の子供の学校へいく道に、いく株かのキンモクセイがあるので、運動会へいく道すがら毎年香りのそばを抜けていくのだが、耳もとで聞こえるのはその運動会のものではない。もっと前、子供が生まれていない頃、私たちは秋になるとよく奈良へでかけた。そして、ぶらぶら歩いていて小学校の運動会にであうと、しばらく見物していた。そんなときに、グランドに入ろうとすると必ず、校庭の隅や校門の脇などからこの花が匂ってきた。行きずりの小学校の、名前も知らない子供たちの運動会だというのに、あのキンモクセイの匂いのする学校はとても懐かしい。ふっと、自分が子供だった時代にまぎれ込んでしまったような気持ちになってしまう。私の学んだ小学校に、キンモクセイがあったかどうかは思い出せないのだが。

あの香りからは小学校の運動会のざわめきが聞こえてくる。

ブナ林への旅

「いよいよ、十和田が紅葉をはじめます。茸をとりにいらっしゃいませんか」と、Iさんからお手紙をいただいたのは、昨年の十月のことだった。前年の春に出版した私の本について、長いお手紙をくださったのが最初で、私たちはお互いの山の様子を何度か報告しあった。Iさんの手紙には、私が春の摘み草の料理にはたいそう熱心なのに、秋の茸に関心を示さないのが不思議だと書かれてあった。

関心を示さないどころではない。長い間、茸はどんなに森についての私の想像を刺激しつづけたことだろう。あの円い屋根のような傘をひろげた茸は、森のイメージそのものといってもよかった。私は茸のことを知りたくてうずうずしていたのだが、茸は野草や樹木のように、道端にも庭先にも生えているというわけにはいかない。強い日ざしをさえぎる枝々や、適度に湿った土、朽ちたままの樹木、それに気温の低くなる山地が必要である。

私は思い切って航空券を予約し、十何年ぶりかのひとり旅にでかけた。

その日はむっとするような暖かさで、三沢空港に降りたら雨になっていた。しかし、たった一泊の旅なのだから宿で休んでいるわけにはいかない。Iさんが用意してくださった雨合羽と長靴を車に積んで雨の中を出発した。

車は雨の紅葉の中を走り、奥入瀬川の上流から急な山道を登った。かなり走ったところで止まると、そこはブナの多い山で、あたり一面が黄色に染まっている。

濡れている草を踏みしめながら林に入り、「この先を登ると茸がありますよ」と教えられた斜面をさらによじ登ると、ふたかかえもある巨木が根こそぎ引き抜かれたような形で横たわっていた。天寿を全うして倒れたブナの木で、側面にびっちりと茸をつけている。片方はムキ茸と教えられたが、反対側についているのが月夜茸と聞いたときには、ハッとした。リンが光を発して、闇の中でも月夜と同じくらいあたりが明るくなるというこの毒茸は、一度は見てみたい茸だった。夜の闇が、この場にないのが残念でならないが、傘を割ってみると、この茸の目印になる黒い丸いシミがはっきりと見える。これがなければ、私には食べられるムキ茸もこの毒茸も区別がつかなかっただろう。

「せっかくの日に雨で」とIさんたちはしきりに残念がってくださるのだが、私にはこの雨もまた、幸運に思えた。樹木は丈高く枝を張って、黄色い葉を重ねあっていた。雨に濡れた葉には、うるんだような透明感がでている。黄色という色は、いくらかの暗さがあってかえって明るさを際立たせるものだ。屋根のように重なりあった黄色い葉の下で、林の中にはおだやかな明るさが満ちていた。雨は直接に林の中へは落ちずに、木の枝や幹を伝わって地中へしみていき、雨の音は、ここへ静かさを閉じこめたまま林の外側で鳴っている。私はそこにいるだけで不思議な幸福感を味わった。

翌日は思わぬ晴天で、十和田湖畔を一周して絢爛豪華な紅葉の中で半日を過ごしたのだった。だが、時がたつにつれて鮮明に思い出されるのは、あの雨のブナ林の中の明るい空間である。いく度か思いかえしているうちに一度だけ写真で見たことのあるヨーロッパの古い大きな教会と、ブナ林がなぜか重なりあってしまう。

私たちは「幸福」という言葉で、豊かで安定した生活や、愛する者とであうこと、優れた能力等をあげる。しかし、強い幸福感がただ無償の幸福感としてあふれてくるような体験は、こうした生活の条件でしかないような「幸福」からはかけはなれたものである。神でも自然でもよいが、人間は永遠の時間につながるものを感知したとき、自分が解き放たれていくような幸福感を味わうのではないだろうか。

私は自分の無償の幸福感の体験が、森や谷や海や、自然の中で起こるのは、その故だと思っている。

❀十月のメモから

十月一日　　サザンカ

キンモクセイがよく匂っている。庭の真ん中にある紅色のサザンカの花が、たった一つだけ咲いた。蕾もまだかたく閉じたままでちらりとも紅色を見せないから、もう二週間くらいしなければ花盛りにはならないだろう。

キンモクセイの匂いの陰で忘れられているけれど、サザンカの花もいい香りがする。近寄らなければ気がつかないような淡い匂いだが、秋らしくさわやかな感じがする。

サザンカの薄い花びらのひっそりとした感じも、この季節らしい。切り花にしたいと思うのだが、咲いたと思うとその日のうちに散ってしまう。あの一年じゅうしっかりついている肉厚の葉の間に咲く花とも思えないはかなさである。

友人が八重咲きのサザンカをもっていて、クリネックスを染めて丸めた花みたいだとなげいていたことがあった。私は内心、園芸種の花はたいていつまらない、自然な花がいちばんいいと思っていたが、もともとの野生のサザンカは白い花をつけるものだそうだ。サザンカは日本に昔から自生していた花なのだが、もとは九州、沖縄と四国にしかなく、江戸時代の中頃から、園芸品として各地にひろがっていった。うちの紅色のサザンカも園芸種として作られたわけである。

十月五日　　ツワブキ

音無川の河口の崖一面にツワブキが満開である。わが家の日当りの悪い場所にあるツワブキも開いてきた。日記を調べてみると、九月の終りに咲いている年もあった。花の終りは十月、たまに十一月に花が残っていることもあるのだが、なぜかこの花は歳時記などでは十二月の花としてあげられている。鎌倉では十二月には、ツワブキは黄色い花弁を落として花茎だけを寒々しく残しているのだが、十二月にこの花の美しい地方もあるのだろうか。

しかしこの黄金色の花は、明るい、和らいだ秋の日ざしよりも、重く、薄暗い初冬の風景の中でのほうが美しく見えるものだ。曇り空の日には、気にとめていなかった庭の隅のツワブキが、急に輝いて見えてくる。

ツワブキとは、フキと同じような形の葉がつやつやした光沢をもっているところからつけられたもので、一年じゅうつやつやつやした葉を保っている。この厚い大きな葉の間から、丈は三〇センチから六〇センチにもなる太い花茎をのばし、先端をいく度も枝分かれさせてはてっぺんに花を一つずつつける。直径四、五センチのこの花は、キク科の花らしく、小さな花が集まって頭状の花を作っているのだ。外側は舌状の明るい黄色の花が十数コぐるりと並び、真ん中に管状の花が密集している。

十数年前にひとりで植物の図鑑をひきはじめたとき、私はツワブキが（というのはキク科の花がということだが）合弁花なのが不思議な気がした。外側の舌状花を引っぱってみては、「ほら、こうして花びらは離れてくるではないか」と思ったのだった。しかし、私が花びらだと思ったのが一つの花であった。花とは何かといえば、萼、花びらにおしべ、めしべをもっていて種子を生むことのできるもの、ということができるだろう。ツワブキの外側に黄色く輝く舌状花には、おしべは退化してめしべだけしかないが、真ん中の管状花はおしべもめしべも備えていて、いずれも実を結ぶことができる。この実を風に乗せて運ぶための落下傘のような役目を果す冠毛《かんもう》は、萼の変化したものだ。また、この小さな管状の花をよく眺めてみれば、先っぽは五つに割れているし、弁状花も下部は管状で、先が三つか五つに割れている。これは花びらがつながっているわけで、つまり合弁花なのである。

キク科といういちばん種類の多い大きな科についての、こんなに基礎的な知識を、私は三十歳過ぎてからツワブキの花を手にとってみて初めて知った。中学校、高等学校の理科の時間に、こんなことを習わなかったのだろうか、と私はただ退屈で、ぼんやりと教室に座っていた理科の授業を思い出した。私も不勉強だったのかもしれないが、最近の理科の教科書は、こんな当り前すぎる分類の話などには熱心でないのだ（だから、自分で植物の名前を調べだしたとき、戦前の中学校の植物の教科書や参考書を使うことにした）。

しかし、私はこんなに初歩的な知識を学生のうちに身につけておかなかったことをそんなに後悔してはいない。たいして興味もないことを、教えられた知識として頭の隅にとどめておいても、別にどうということはない。あまりに当り前のことを知らなかった自分にあきれながらも、新しい知識が、新しい世界が目の前に開けていくような感じで得られるのは幸せなことだと思った。幸いなるかな貧しき者、なのである。

十月七日　　コブナグサ

家の門をでて少し歩いた道端に、今年はなぜかコブナグサが群生している。コブナグサという名は、葉が鮒の形に似ているからつけられたと聞いたことがあるが、私の目には鮒には見えない。小さな笹の葉に見えるのだが、もう一つその名もチヂミザサという草があって、コブナグサとよく似ている。チヂミザサは家の裏の崖の下に生えているのだが、幅一センチ、長さ三、四センチくらい。葉の端にしわが寄っている。コブナグサのほうがやや丸みをおびているかもしれないが、細い茎の下のほうが這うようにのびているところや、節ぶしから次々と根を出していくところ、互生してついている葉の様子などが、ちょっと見たところではよく似ている。

しかし、花がつくと、コブナグサは茶筅状とでもいうのだろうか、花穂を束ねて立てている し、チヂミザサは細い瓶でも磨くブラシの古びたのみたいに、真横にちょいちょいと穂を出している。チヂミザサの花は緑がかった灰色で、どう見ても美しいとはいえないが、コブナグサの花穂は少し紫がかっていて可愛いものだ。しかし、若い葉が茂ったところは花よりも気持ちがよい。

十月十日　アケビ

極楽寺を抜け、月影地蔵のある谷戸を通って鎌倉山まで歩いた。

極楽寺の境内では、ムベの棚から実がいくつもぶら下がっている。山ぎわの道端では、アケビの実が高い木の上でだけ口を開け、内部の白い果肉を見せている。低いところのものは、子供たちがとってしまったのだろう。ムベは口を閉じたまま熟す。口をぱっくり開けたほうがアケビらしく、おいしそうだと私は思うが、ムベのほうがホコリがつかなくて清潔だという人がいた。いわれてみれば、あの果肉にはホコリや虫がたかっているわけだが、私は今までに、アケビを水で洗って食べたことはないし、それで、特別に不潔だとも思わなかった。ただし、甘味という点ではムベのほうがよいかもしれない。

山道では、秋の初めに咲いていた美しい花はおおかた姿を消してしまい、野菊（ヨメナ、ノコンギク）の残り咲きとタデ類、ヤマハッカくらいしか見えない。

十月十二日　ホトトギス

買い物にでたついでに少し歩いてみた。あちこちの庭でサザンカの花が咲きだしている。うちの庭でも、隅の茂みの中でひょろ長くのびたサザンカの白い花が咲いている。花は茂った枝の上のほうで咲いているので気がつかないことが多いのだが、花びらが散っていると、はっと気がついて上を眺める。花びらは、ひとひらずつ散らばっていて、ずっと昔、花びらを合わせたままぽとりと落ちるのが椿、ひとひらずつ散らすのがサザンカと教えられたのを思い出す。

サザンカはやっと咲きだしたところだが、夏の終りから咲きだしたホトトギスは、他の草花が散ってしまった今も、まだ花をつけている。むしろ十月に入って花が多くなったような気がする。夏の間山でであったヤマホトトギスは、花がもう少し小さく、花柄は長かった。今を盛りのホトトギスのほうは、花が三センチ近く、ヤマホトトギスより派手かもしれないが、花柄がごく短いので茎を抱いている大きな葉のわきにくるまれるようにしてへばりついている。そのうえ、この粗い毛をもった葉はそれだけでもざらざらした感じがするのに、なぜか虫に食われたり、ちぎれたりしているものが多い。そこが秋らしく侘しくていいなどという人もいるそうだが、私は切り花にする度に葉の扱いに困ってしまう。たいていは葉をいくつか捨ててしまう。

十月十三日　　クサギ

谷戸の奥の山の斜面で、待っていたクサギのひと枝を折ってきた。花を散らせたあと、萼は濃い紅紫色に染まり、その星形の中央に光沢のある濃いるり色の丸い実を抱いている。夏の間のもやっているような薄紅色の花も好きだが、この鮮やかな色の組合せの「花」をいくつも枝先に集めている様子には独特の好ましい感じがある。

毎年、同じ木の枝を夏にも秋にも折っていたら、手の届くところには枝がなくなってしまったので、今日は山の側面をよじのぼって太い枝をしなわせて、やっとひと枝手に入れた。稲村ケ崎の駅の近くに、塀の上からクサギの枝が茂っている家があったが、夏の初めに伐られてしまった。「いやな匂いがして、つまらない木ですよ。すぐに茂るし」と持ち主がいっていた。もったいないが、美しい花のある季節は短いのだから仕方がない。

十月十四日　　　ガマズミ

少なくなってきた野の草といっしょにガマズミを生けようと思って、山ぎわから二枝折ってきた。アキノキリンソウの黄、ヤマハッカの薄紫、ヤブミョウガの濃い藍、イヌタデの赤などといっしょにこの真っ赤な実を生けたら、二本の枝の実の大きさがだいぶ違っているのに気がついた。五ミリほどのやや細長く小さい実はガマズミ、葉は横に下ぶくれし、先っぽが尖っている。ひとまわり大きく、七ミリくらいの球形の実がコバノガマズミ。葉は長い楕円形で小さい。実は大きいが、葉が小さいほうが小葉のガマズミである。

シロダモの実も並んで熟していたが、こちらはさらに大型で直径一センチもある。細長い葉は一〇センチ以上にもなる。

十月十五日　　　　イチョウ

先日、八幡様の前の通りを歩いていたら、街路樹として植えてあるイチョウの実を、竿でたたき落としている人がいた。イチョウの葉はまだ青々としているけれど、実のほうは黄色く熟していて、落とされると同時につぶれてしまう。つぶれた実の中から拾いだした種子が銀杏で、新しくとったばかりのものは、色も青く冴えているし、風味もよくてとてもおいしい。ただ、この実はかぶれやすいし、ひどい悪臭があるので、おいしいことはわかっていても拾いにいく気にはなれなかった。

今日、庭に大きなイチョウの木のあるSさんが、拾ったばかりの銀杏をざる一杯届けてくださった。水で果肉を洗い流し、白い殻に収まった銀杏にして届けてくださったのだが、まだ少しあの独特の匂いが残っている。保存をしておくためには天日に干したほうがよいのだが、毎年そんなことをしないうちにフライパンでいっては食べてしまう。

この実を結ぶための花は、若葉を出すのと前後して四月頃には咲くのだが、雄花も雌花も花弁がなく、むき出しのおしべとめしべがあるだけで、ごく小さな地味な花だそうだ。イチョウは大木が多く、はるかな高みで花をつけているので、私はまだ一度も花を見たことがない。また、この木は雌雄が別々の木なので、実を結ぶためには雄花のある木が必要だが、なんと数十キロも離れていても、花粉は風に乗って運ばれる。

十月十七日　　　　ハダカホオズキ

裏庭でイヌホオズキだと思っていた草に八ミリほどの真っ赤な実がなっていた。二メートルほど離れて、五、六株かたまっているイヌホオズキには青い実がなっていて、やがて黒く熟するはずである。ひと株だけ赤くなっているので、よく調べてみたら、赤い実はどれも葉のわきから下がっているのに、イヌホオズキは節と節の間に下がっている。また、青いイヌホオズキには萼があるが、赤い実にはそれらしいものが見当らず、いわば裸のまま実がぶら下がっている。だからこの赤い実は、ハダカホオズキと呼ばれているわけだ。同じナス科のヒヨドリジョウゴも同じくらいの大きさの赤い実をつけている。

ヒヨドリジョウゴは全体に腺毛をつけているし、イヌホオズキの葉にもまばらに毛があるが、ハダカホオズキは葉も裸でつるつると光っていて、イヌホオズキより丈も幅もひとまわり大きい。

十月二十一日　　ニシキギ

朝、庭へ入ってきたNさんが「ニシキギがきれいに紅葉しましたね」といった。ニシキギと呼ばれたのは、庭の隅にある大小二本のコマユミのことで、ふだんはごく目立たない地味な木なのだが、長さ数センチの小さな楕円形の葉が紅葉をはじめると、美しい紅色の葉の下に赤い可愛い実まで下げて、急に注目されるのだ。ニシキギは葉も花も実も同じだが、枝にコルク質の翼が四本もついている。幅が一センチもある目立って大きい翼で、紅葉した葉の間から黒ずんだコルク質をのぞかせているところは、なにか不似合いで異様な感じさえする。翼のないコマユミのほうが、ずっとすっきりして好ましいと私は思うのだが、ニシキギが美しい錦織から名前がとられている故だろうか。この二つはいっしょにしてニシキギと呼ばれてしまうことが多い。

コマユミとは小マユミの意味だろうが、マユミは同じニシキギ科だが、葉は一五センチにもなるし、丈も高くなり、昔は弓の材料に使われたほど強い木質である。花は五月頃、ニシキギによく似た四弁の花をつけ、夏に入ると緑色の角ばった形の実をぶら下げる。秋になると実は薄ピンクになり、実が裂けて中から四つの赤い種子があらわれる。マユミに限らず、コマユミ、ニシキギ、ツリバナ、ツルウメモドキ、マサキなど（ニシキギ科ニシキギ属、ツルウメモドキ属）の植物の実は、果実が裂けてから仮種皮につつまれた種子があらわれる。果実の外の皮を残したまま、その下に赤い種子を光らせ長い柄でぶら下がっている様子は、ほかの赤い実とは別の趣があって面白いものだ。

十月二十三日　　　イソギク

早い時期に咲きはじめていたツワブキは、もうまわりの花びらを落とし、黒くなった丸い頭だけを残している。今日、海岸へいってみたら、海辺のツワブキの残り花はまだ黄金色に輝いていたが、崖地ではイソギクが花盛りになっていた。

イソギクも黄色い頭花で、一センチ足らずの小さい花をいくつも集めて咲いている。群生している花を遠くから眺めるのは壮観だが、近くで眺めてみると、あまり美しいというほどの花ではない。濃い黄色はにごっているし、管状花を集めるだけのつぶつぶの花は野暮ったい。しかし、葉は先端に切れこみがあり、縁を白く染めていて、なかなかおしゃれな感じがする。葉のへりが白く縁どりされているのは、裏面に銀白色の綿毛が密生していて、それがへりのところまでまわってくるからである。

十月二十四日　　ヨウシュヤマゴボウ

散歩道の途中にある空き家の庭や、道端の空き地、山裾に放ってある小さな荒れ地などを眺めていると、夏の終り頃急に雑草の丈がのび、緑濃く茂りあうように感じることがある。雑草とひと口にいってしまったが、よく見ればネコジャラシ、チカラシバ、メヒシバ、イヌビエ、オオアレチノギク、アメリカセンダングサなどである。この数日、この草の色が急に白っぽくなった。灰褐色というのだろうか。秋らしい、くすんではいるが淡く、軽い色調なのだ。

その中に、ひときわ丈高く、ひとり色鮮やかなのがヨウシュヤマゴボウである。太い紅色の茎をのばし、枝を四方にひろげ、早くも紅葉をはじめた大きな楕円形の葉を輝かせ、よく熟れたブドウ色の房を垂らしている。房の柄は紅色で、それに七ミリほどの紅紫色の実を三〇コあまりもびっしりとつけている。見るからに汁っ気の多そうな実で、指先でつぶすと紅色の汁が垂れてくる。昔は染料として、絹や紙、菓子などにまで使ったそうだ。しかし、この根と実には毒があるから、食品に使ったり、口に入れたりするのは避けなければならない。

房の柄をよく見ると、どれも葉と対生になってできている。房のできないところの葉は、一枚ずつ互い違いについている。一〇センチから二〇センチ以上にもなる葉は先っぽの尖った楕円形である。真っ赤に紅葉してしまったものもあるし、紅色がにじんだようにひろがっているのもある。先っぽの小さな葉にはまだ緑のままのものもあるが、茎はみな紅色である。

この草の仲間には、洋種と頭につかないヤマゴボウとマルミノヤマゴボウがある。二つとも、房は直立して下に垂れないし、茎が緑色である。ヨウシュヤマゴボウは北アメリカ原産で、明治の初め日本に入ってきたが、ヤマゴボウは中国産、実は皮をむいたミカンのような形をしている。

十月二十五日　　ヤマノイモ

山が全体にとび色になり、ところどころに赤く、黄色く紅葉した葉が見えはじめた。黄葉するものの代表といったら、イチョウ、イヌビワなどだが、この二つはまだ青々としている。うちの近くで目立って黄色くなったのはヤマノイモの葉である。

ヤマノイモはつるをのばし、対生する長いハート形の葉をつけ、夏の終りに白い穂のような花をつける。そして、花が終り切らないうちに、もう葉のつけ根には、ムカゴと呼ぶ肉芽をつけている。ジャガイモのミニチュアみたいな肉芽で、これを地中に埋めておけばまた芽がでてつるがのび、三年ほどで根茎のジネンジョを掘ることができる。また、このムカゴをそのままゆでたり、煎ったりして食べてもおいしい。山歩きをしてたくさんのムカゴを見つけると、ちょっといただこうということになる。帽子にハンカチをひろげたもので受けていて、つるをゆすってムカゴを落とすのだ。

しかし、うちの庭や近所の藪の中にあるムカゴは簡単にはとらない。葉が黄色くなるのを待っている。そのほうが実が入っておいしいのだ。ヤマノイモの黄葉も美しいが、それ以上にムカゴを集める合図としてうれしい。

十月二十六日　　ワダン

キカラスウリを見たくて三浦半島の先端、剣崎近くの海岸を歩いたが、今年も、一つも見つからなかった。そのかわりに、波の打ち寄せるような岩の間で咲いているワダンの花をいくつも見ることができた。ワダンという名は、海の古語ワダツミから、海に生える菜、ワタナがなまったのではないかと考えられているそうだ。卵形の一〇センチほどもある葉は海辺のものらしく肉厚で、私はタイトゴメの葉の柔らかさを思い出した。タイトゴメは米つぶのように小さな葉をつけていたが、同じように薄緑色肉厚で、つぶすとスベリヒユみたいにぬるぬるしている感じがあった。

ワダンは、太い茎にこの肉厚の葉が重なるようにびっちりとついているが、よく見ると互生で、ちゃんと互い違いに少しずつずれてついている。家へ帰ってきて図鑑を調べたら、丈は五、六〇センチにもなると書いてあったが、今日見たところでは、丈の高いのでも一〇センチちょっと。太い短い茎にたくさんの葉を密生させ、先っぽに黄色い花をつけていた。花は、キク科の植物らしく一センチほどの舌状花《ぜつじょうか》を集めている。

荒々しい岩の間のほんの少しの砂の中に、寒風と波しぶきを浴びて淡々と咲いていた。

十一月

明るい日、暗い日

　鎌倉の山は常緑樹が多いし、寒さはゆっくりとしかやってこないから、北国のように、ある晩全山いっせいに紅葉してしまう、というようなことはない。十月の終り頃から、くすんだ常緑樹の間に、少しずつ紅や朱や黄などがまじりだし、やがて山全体が明るいとび色をおびて紅葉の盛りになってくる。十二月に入ると、鮮やかだった色のいくつかは消えてしまうが、残っている少ない色は深みがまして別の美しさになっている。やがて、残っている紅葉も落ちてしまうと、師走がもうすぐそこまできている。

　去年初めて十和田で見た紅葉は、木の葉も、草の葉も一枚も残さずに紅葉してしまい、この世の終りかと思うばかりであった。あのはげしいまでの華やかさにくらべれば、ここでの紅葉は日常的な緩慢さをもっている。しかしそんな中でも、はっとするように忘れられない一日はあるものだ。

　暑さが去ってしまうと、私は二階の三方が曇りガラスの窓になっている部屋を寝室にしている。ある朝、目を覚ますと、曇りガラスのむこうの裏山が、急に明るくなったように感じる。寝過ごしたのかしらと心配になるが、時計はいつもと同じ時間を指している。ガラス窓を開けると、わが家をおおうように枝をのばしているケヤキやエノキがすっかりとび色に変って、朝日を照りかえしている。ケヤキのむこうは杉林なのだが、夏の間茂っていたつる性植物が葉を落とした故だろうか。柔らかな秋の日ざしが、林の奥までさしこんで、ここも明るくなっている。

部屋の正面の窓を開けると、向きあっているような小さな山がある。ハゼやウルシは真っ赤に紅葉していて、あたりの空気は赤く、明るくなっている。この日、紅葉の季節がはじまるような気がする。

また、十一月も終りの頃のことだが、急にあたりが暗くなる日があるものだ。雨が降るわけでも、雲が日をさえぎってしまうわけでもないが、日の光に力がなく、空中に鈍くくすんだ空気がよどんでいる感じがする。と、風が巻きあがるように速く吹く。黄色い、大きなイヌビワの葉が、くるくると舞いあがる。イヌビワの黄色は、恐ろしいほど鮮やかに見える。こんな日だけが、「この世の終り」かと思う一日である。

柊《ひいらぎ》の香り

ある秋の終りのこと、遠来の友人といっしょに紅葉の源氏山近辺を歩いての帰り、英勝寺へ寄った。山門を入ると、右手にあるこんもりと茂った樹木からよい香りがしていた。キンモクセイはもうとっくに終ってしまっている。いったい何の匂いだろうと近寄ってみると、葉のつけ根に直径五ミリほどの白い小さな花が集って咲いていた。

「ギンモクセイかしら」と友人がいったが、葉はモッコクかモチくらいの大きさで、厚くてかたい。ギンモクセイの葉は、キンモクセイより大きいと聞いていた。ヒイラギモクセイという花のあるのも知っていたが、葉に刺がないのがおかしい。ちょうど庭掃除の老人が通りかかったので尋ねてみたら、「これはどこにもない珍しい木ですよ」と誇らし気に答えてくださったけれど、珍しいという名前の木はないのだから、私たちはいっそう名前が知りたくなってしまった。

後で調べることにして、メモをとる。樹木の高さ三メートルほど。剪定した枝は、形よくそろえられ、幅三メートルほど。樹皮は黒灰色。葉は長さ五、六センチ幅二、三センチほどの長楕円形。表裏とも無毛。同色で対生。花は白色で、四つに裂けた花びらのごく小さな五ミリほどの花を束ねて葉のつけ根に咲く。

キンモクセイほど強い香りはしなかったが、樹木に近寄ると、ほのかな甘い香りがする。思いがけぬ香りがうれしく、私たちはキンモクセイより品のいい匂い、などといいあった。名前はわからなくても、好ましいものは好ましいのだから、この木のそばで幸せな一時を過ごした。

家に帰って図鑑をひろげてはみたが、草花にくらべると、樹木図鑑は取り上げている種類も少ないし、扱いにくいものだ。私はいつも植物の名前を教えていただくK先生へ電話をしてみた。

英勝寺でであった樹木の説明をはじめると、「根元についている葉も調べましたか。根元についている何枚かには刺があるはずですよ」とまずいわれる。私は一株の樹木につく葉はどれも同じものだと思い込んでいたので、根元の葉にまで目が届かなかった。それでは、ヒイラギモクセイかと思ったら、ヒイラギモクセイの葉はもうひとまわり大きく、長さは六〜一〇センチ、幅三〜五センチくらいもあるそうだ。

「ヒイラギです。古いヒイラギの木は、上の方で刺のない葉を出すものです」と聞きながら、私はうちの庭にあるヒイラギを思い出した。クリスマスにケーキを作るとき、子供たちに「ヒイラギの葉を二、三枚とってきて」と頼んでいたけれど、あれは春先にバニラ・アイスクリームのような黄色い花をつけていた。この白い花をつける木がヒイラギだとすれば、あれは何だったのだろう。ケーキに使うからセイヨウヒイラギだろうか。

名前のわからない植物を図鑑を使って探り出すのはむずかしいが、名前さえわかってしまえば、たくさんの図鑑や案内書から知識は次々と手に入れることができる。

図鑑で調べてみると、私の家にある「ヒイラギ」は春黄色い花をつけ、夏に黒い実をつけているからヒイラギナンテンである。メギ科の丈の低い木で、刺のある四、五センチほどの長円形の葉は羽状複葉、葉は二つずつ並んで、柄の中心がややカーブを描いている、とぴったり特徴が書いてある。

セイヨウヒイラギはモチノキ科の大きく育つ木で、ヒイラギモチとも呼ぶが、英語名のホーリーで呼んだほうがわかりやすいかもしれない。ヒイラギはモクセイの仲間で、ヒイラギとギンモクセイの雑種に、ヒイラギモクセイという種類がある。

花はいずれも同じように小さな白い花だが、花の仕組みは違っているし（モチは離弁花）、クリスマス頃に丸い赤い実をつけるのが、セイヨウヒイラギで、秋の初めに紫がかった黒い実をつけるのがヒイラギ、葉もモチノキの仲間は互生だが、モクセイの仲間は二枚ずつ対になってついている。

ヒイラギという名前は、葉のへりに刺があって、ひりひりと肌を刺す木というほどの意味で、この三つの木は、葉に刺があるというだけで、まったく種類の違う植物だった。

ヒイラギと名前のついた木を正確に調べてから、街を歩いてみるとあちこちの庭にこの木は多く、それまで気がつかなかったのがおかしいような気がした。特にヒイラギナンテンは、玄関の前などによく植えられていて、散歩に一時間も歩けば、何本かは必ず見かけた。ヒイラギやヒイラギモクセイを刈り込んで垣根にしている家もあったが、あの刺は有刺鉄線と同じ役目をもっているのかもしれない。

しかし、ヒイラギはもともと関東から西の方の山野に自生していたものだそうである。昔は節分に家の入り口にイワシの頭を飾る習慣があったそうだが、このイワシの頭を通す木はヒイラギの枝ときまっていた。ヒイラギが手近な場所にあった証拠だろう。図鑑を見ると、暖かい地方の低山や林に自生すると書いてある。私は暖かい地方にばかり住んできたし、この季節にはよく山を歩くのに、まだ一度も自生しているヒイラギにであったことがない。紅葉に気をとられて気がつかないのだろうか。いや、そんなはずはない。紅葉に気をとられるというのは、山や林に気持ちが集中しているのだから、かすかな音や匂いにも敏感になっているはずだと思う。

私はあの空気が薄くなったように明るい紅葉の林の中で、ヒイラギの香りにもであったところを想像してみようとしたが、どうしてもこの二つは私の中では重ならなかった。英勝寺でたった一度であった、あの墨絵のような色調のヒイラギの印象が強すぎるのかもしれない。

赤い瓜、黄色い瓜――カラスウリとキカラスウリ

庭の垣根の笹の上には、カラスウリのつるがとぐろを巻くように茂り、赤い実がいくつか熟している。裏の山との境になっているフェンスには、カラスウリが重なりあって這っていて、赤い実をつらねるようにぶら下げている。東京や横浜から遊びにくる人たちは、カラスウリを見つけると、まだ残っている思い出の実に驚いたり、懐かしがったりする。

しかし山裾に住んでいると、カラスウリは厄介なほど繁殖力の強い植物だ。放っておくと、庭木の上にかぶさるように茂り、弱い木なら枯らしてしまうほどだ。春の庭の手入れのときに、芽がのびはじめていれば、きれいに刈られてしまうのだが、この草は他の草がのびたところで、それにからまりつこうとするように遅く芽を出してくる。

今年の春、ツツジの植込みの間からカラスウリのつるがのびはじめた。その真向いに、玄関へ入る石段をはさんで松の木がある。ここは日当りがいいのでちょうど梅雨の頃、私は松の高い枝からビニールのひもを垂らし、その先に洗濯物をつるしていた。ビニールのひもは軽くて、風が吹くと横に流れていった。するとツツジの茂みからのびてきたカラスウリのつる先は、このビニールのひもを空中で捕らえてしまい、ひもを斜めに引っぱったまま松の木へ這いあがっ

てしまった。やがて、夏がきて、カラスウリにはあのレースをひろげたような白い花がつき、私たちは毎日、花の下を通って玄関へ出入りした。

あるとき、窓から庭を見ていると、リスが松の枝からビニールのひもを伝わりカラスウリのつるの上をすべるようにツツジの中へ下りていった。いつものように素早い動作で、ささっと下りていってしまったが、あの細いつるがどうして太ったリスをささえられたのだろう。つるはあの体重を支えられると仮定しても、ビニールのひもはつるからでた巻きひげにちょっと引っかけられているだけだった。あの柔らかいひげがどうしてリスの重みに耐えられるのだろう。リスには見えない羽根でも生えていて、ひもとつるにそって空中を飛んでいたのであろうか。

秋になってからも、私はこのつるは刈らずに残しておいた。白い花の下を通ったように、赤いカラスウリの実の下をいったりきたりするのも悪くない、という気がしたからだ。しかし、ほかのカラスウリに青い俵形の実が下がり、やがて赤く熟してからも、このつるには実がならない。あんなにたくさん花がついたのに、実がならないのだろうか、と思いながら、ふと気になって図鑑を調べてみたら、雌雄異株、雌花は一つだが、雄花は数コつくと書いてあった。花がたくさんついた、ということは雄花ばかりというわけだった。私は実のならないカラスウリよりもツツジのほうが大切になってしまい、酷薄にもつるを引っぱってカラスウリを処分してしまった。しかしツツジの根元には、灰色のサツマイモみたいな根茎が残っている。ときどき小さな穴でも掘ろうかと庭で鍬を使っていると、灰色のごついかたまりがあちこちからごろごろとでてきて、いつの間にこんな根茎が育っていたのだろうと驚いてしまう。この庭に人間の手を一切加えないで二、三年放っておいたら、カラスウリはいったいどのくらい実をつけてしまうだろうか。

カラスウリをもうひとまわり大きくしたものに、キカラスウリがある。名前のように黄色に熟すそうだが、ちょっと見たところ黄色い小型リンゴみたいだと聞いていた。カラスウリは鎌倉では、山にも、庭にも困るほどたくさんあるのに、キカラスウリは一度も見たことがない。スズメウリという小指の先ほどの灰白色のウリにはときどきであうし、同じウリ科でもっと小さなアマチャヅルの実もよく見ているのに、キカラスウリばかりは見たという話も聞いたことがなかった。

私はキカラスウリのなっている様子をあれこれ想像し、黄色い大きな瓜が日の光を反射して光っているところは、さぞ壮観だろうと思ってみた。キカラスウリは特別珍しい形態をしているわけでもないし、鎌倉にはないが、自生する土地へいけば、いくらでも生えている植物である。しかし、自分で興味をもっているのに、実物にであえないときには、空いている庭の穴でも埋めておかねばならないみたいに、やたらと気になってしまう。

一度だけ、あわやキカラスウリが見られる、というところまでいったことがあった。あるとき、漢方薬を研究している薬剤師の人たちが、キカラスウリを探しに三浦半島まででかけるという。K先生がこの会の顧問をしていらっしゃるので、私も加えてもらった。十月の終りのことで、雨の降りだしそうな寒い日だったが、私はわくわくして参加した。三浦海岸駅で待ちあわせ、そこからバスに乗って剣崎付近の海岸までいく。海岸に面した斜面の藪の中にキカラスウリが点在しているという。

案内は三浦半島の植物にくわしいO氏で、「もうすぐだ」「この辺のはずだ」と何度も藪へ入ってくださったが、なかなかキカラスウリはあらわれなかった。やっと、「あったよぅ」という声が聞こえ、二、三人が藪の中へ入っていったが、これは雄株だったのだろうか。実は一つもついていなかった。もっとも、薬剤師の人にとっては、キカラスウリの根茎は、本物の天花粉の材料なのだから、実よりも根のほうが大切だったのかもしれない。彼らは熱心に根茎を掘っていた。なかには、芸術的なまでにみごとに、根から一〇メートルもあるつるの先まで、傷ひとつつけずに掘ってしまった人もいた。

底冷えのする海岸に小雨が降りだしてきた。お目当ての黄色い瓜が見られなかったのに落胆している私には、寒さはいっそう身にしみて感じられた。鈴なりの黄色い瓜どころか、たった一つの瓜も見られなかったのだ。

私は仲間に加えてもらったときの喜びを忘れて、こんなに数の少ない植物を根こそぎ掘ってしまうなんてひどいじゃないか、などと独り言をいった。

もう帰る時間になった。バス停のある道路への登り道をみんなが歩きはじめたとき、「おーい、あったぞ!」というOさんの声がした。斜面の中腹の藪の中から聞こえてくる。二、三人の坂道をすべるような足音が聞こえ、やがてOさんが手にもったつるを高く掲げてあらわれた。つるにはキカラスウリには違いないのだろうが、去年の実の風船のように外側の皮だけ残ったものがついていた。Oさんは真面目な顔をして、「ちゃんとキカラスウリの実がここにあったっていう証拠だよ」といったのだった。みんながくすくす笑いだし、私もがっかりしながらおかしくなってしまった。

昨年、伊豆の稲取に住んでいる知人から、キカラスウリが鈴なりになるところがあると聞いた。一度いらっしゃいと誘ってくださったのだが、去年も今年も伊豆まででかける時間がとれないままに秋が過ぎていった。

十一月の初めのこと、伊豆から東京へでるついでだという知人が、キカラスウリの実を三つ届けてくださった。キカラスウリは、カラスウリが赤くなってしばらくしてから黄色くなりはじめるそうだ。今年は十一月も半ばを過ぎなければ黄色くならないだろうということで、三つの実はまだくすんだ緑色のままだった。初めて掌に乗せてみるキカラスウリは、私の想像していたものとはずいぶん違った。リンゴのようには丸くない。カラスウリをひとまわり大きくしたようなとも聞いていたが、あの俵形の楕円形よりは真ん中がふくらんで、両端がすっと細くなっている。瓜というよりなり初めのカボチャのような感じで、カラスウリよりもずっしり重い。皮もかたくて、中を割って見ようとしたが、うちの文化包丁では、なかなか歯がたたなかった。割ってみると中にはカボチャのようにオレンジ色の肉が厚く詰まっていて、間にごくふつうの平べったい楕円形の黒い種子がいっぱいはさまっている。カラスウリの種子は、子供の頃大黒様と呼んでいたが、真ん中に隆起した太い帯がまいてある。

想像していたキカラスウリとはずいぶん違っていたが、私は半ば満足し、気になったまま放っておいた宿題を半分はすませてしまったような気分である。今度こそこの瓜のなっているところを見にいこうとスケジュールを考えながら、勇んでわくわくする気持ちが少しおさまってしまったのに気づいた。植物には限らないだろうが、未知の世界への興味は想像力を強く刺激しつづける。実物を実際に見ることができると、当てもなく燃えていた情熱は、急に冷静におさまることがあるものだ。ちらりと見ただけでも、火に水をかけてしゅんと音がするときのようにおさまってしまうことがある。人間には案外にたわいないところがあるものである。

❀十一月のメモから

十一月一日　　ツタ

息子の小学校へいった帰り、極楽寺の駅へ寄った。ホームの真正面にある高い石垣をツタが這っていて、毎年、今頃になるとみごとな紅葉を見せる。今日はとび色がかった深い赤で、幅三〇メートルほど、高さ一〇メートルもあろうかという石垣を美しく彩るのだが、ホームに立ったら鉄さび色のすすけた石垣ばかりで、ツタは姿を消していた。がっかりしていると、年配の女の人が「今年はここの紅葉が見られなくて残念ですわね」といい、ツタがのびすぎて線路までくるので、刈ってしまったのだと教えてくれた。

ツタは散歩がてらに遠まわりをして小学校へいく道すがらにも、何カ所かで見かけた。大きな木にからまったり、車庫の上に這っていたりしたが、こんなふうにみごとに壁を這っているところはほかにない。ツタはつる性のブドウ科の植物だが、つるの節目のところに巻きひげを出す。巻きひげの反対側に葉がつく。葉と巻きひげは、一段ごとに右と左と逆になってついている。巻きひげの先端は枝分かれしていて、その先が吸盤になっている。つる自体で巻きつかなくても、吸盤がくっつくから、壁や塀などの壁面を平気で這いあがる。

私の家にも、門のわきの岩をびっしりとおおっている「つた」があるが、これはアイビー（セイヨウキヅタ）なので常緑、紅葉を楽しむことはできない。

十一月六日　　ヤブツバキ

紅葉に気をとられて気がつかなかったが、庭の椿にもう花が咲いていた。落ち椿が一輪落ちていて、上を見上げたち、あの艶のある葉の茂みの間に赤い花が七、八輪も見えている。今年は秋の初めに屋根にかかる枝を大量につめてしまったから、特別早く咲いたのかもしれない。

椿は歳時記では三月に入っているし、植物図鑑などの説明では、ヤブツバキの花期は十二月から三月までとなっている。ヤブツバキとは、この土地に自生しているごくふつうの椿のことだ。日記を調べなおしてみたら、なんと十月に咲いたことのある年もあった。しかも、三月の末まで花が残っているのはたしかだから、ずいぶん花期の長い花である。

山本周五郎の小説に、『五瓣の椿』という名作があったが、椿の花を眺めると、肉厚の真っ赤な花びらは、基のところでつながってしまっている。だから、この花は筒形で先端が五つに分かれている合弁花かと考えてしまいそうだが、もとは五枚の花びらの基部がたまたまつながったものだから、離弁花と分類されるのだそうである。花びらだけでなく、たくさんのおしべもつながって筒状になっているが、おしべと花びらも合体しているので、この花は花びらを散らさず、花もおしべも抱いたままぼとりと落ちてくるのだ。

十一月八日　　　ムラサキシキブ

家をでて駅へいくまでの間には、山を削りとって道路を作ったところが多い。それで、山側の道路で人家のないところは、崖の上からいろんな樹木の枝がのびている。春、早くにキブシが花房を見せ、やがてアケビがミノカクシの枝に巻きついて花を咲かせ、タラノキにタラの芽がつく。アカメガシワの新芽が美しく、マユミのあの青い実、椿の花等々。そして、今はムラサキシキブの実の下を通るのが楽しい。

ムラサキシキブは、紫式部にあやかってつけられたものだろうが、薄紫色の実がつくまでは、ごく平凡な面白味のない木である。葉は七、八センチほどの細長い、先の尖った長円形で対生、夏に咲く花は淡い紫色だが、特に美しいわけではない。葉に毛の密生しているものがあって、これはヤブムラサキという。うちの近所にも、ヤブムラサキは見られるが、いっそう無精たらしく野暮に見える。しかし、直径四、五ミリの小さな実が数コずつ寄って葉のつけ根のところに集まっているところは、品がよく、美しいものがある。

十一月十三日　　　ハゼノキ

庭のハゼノキがすっかり紅葉した。一種透明感のある朱色で、朝日が昇ってくると、木がうるんだように輝きだす。山を眺めても、ぱっと明るいのは、たいていハゼノキだ。この木は、春、青葉がそろった後、葉柄の両脇に羽状に並べた小葉をぽつんと一枚だけ赤く染めている。秋の紅葉よりもっと濃い紅色だったような気がする。あれは秋の紅葉を予告しているのだろうか。

ハゼノキを別名リュウキュウハゼというのは、昔、琉球から入ってきたからだろう。もとは中国原産、今でも暖かい地方の海岸に多い。特に島原地方に多いのは、この木から蠟をとりロウソクを作るのを、島原藩が奨励したからだそうだ。ロウソクは電気が灯る前には、大切な照明だったわけだが、電気が入ってからは、この蠟でポマードを作ったそうだ。

鎌倉の紅葉にハゼやウルシが多いのは、海風の届くところでは、カエデが潮風で葉を傷め、紅葉しきらないうちに散ってしまうからだ。ハゼは海辺に多い植物だから、潮風に特別強いのかもしれないなどと思っていたら、ある年秋の初めにすごい嵐がきて、海からの潮風が吹き荒れたことがあった。嵐が終って数日すると、ハゼの葉は青いままに次々に落ちてしまった。常緑樹も醜く茶色に変色したのだから、ハゼが落ちるのは仕方のないことだった。私は青いままちぢれた葉を掃き集めて、どこかへ消えてしまった秋を葬るつもりで焚き火をしていたら、煙にあたっただけで、顔じゅうかぶれてしまった。春の芽ぶきの頃のハゼには、昔かぶれたことがあったのだが、落ち葉の煙にまでかぶれるとは思っていなかった。その日は、夜に東京へでかける用事があったので、薬を飲んだり、顔を冷やしたりして大騒ぎをしたものだった。

十一月二十二日　　ヤクシソウ

山裾の斜面の草むらは、鈍くくすんだ緑色になってしまった。湿った平地にはまだタデの花が残っているし、道端の乾いたところにも、ハキダメギクやキツネノマゴが見えるが、山の斜面で残っている草の花はヤクシソウだけである。直径一・五センチほどの黄色い花は、群がって寒そうに咲いている。ヤクシソウはごくありふれたキク科の花で、オニタビラコや、ジシバリに似て舌状花ばかりが集まっている。葉の形が少し変っている。この草は丈は三〇センチから一メートル近くあるものまであるが、さかんに枝分かれしていて、その頂上に花をつけ、枝の分かれ目のところに葉がついている。葉の元の方は二つに分かれて、枝を深くはさむような形だ。二つに分かれてくいこむように曲っている葉の端のほうを「耳たぶみたいにくびれて」と説明してくださった方があったが、ヤクシソウに似た耳たぶは、相当垂れ下がっていなければならないだろう。葉は薄くてつるりと柔らかそうだ。緑の色が淡いせいだろうか。私はこの葉全体に白い粉がふきかかっているような印象を受ける。粉はついていないが、茎を折ると本当に白い乳液がでてくる。

十一月二十六日　　フジの実

夜の静かな闇の中でフジの実がパチパチとつづけざまにはぜていく。まるで大きなフライパンで煎りものでもしているみたいだ。フジの実がはぜるのは気温の変化と関係があるそうで、夜になって急に気温が下がると、つづけて実がはじける。朝、フジづるの這っているタブノキや椿の下には、薄茶色の一〇センチ余もある大きな莢《さや》がいっぱい落ちている。豆のほうははじける勢いで遠くへ飛んでしまうので、莢の近くではあまり目につかない。けれども次の年の春になると、このあたり一帯からフジの芽がいっぱいでてくる。若芽が少しのびて柔らかい葉が開いたところはとても美しいので、こんなにたくさんあるのだから、歩行者天国の露店に並べたら喜ばれるだろうに、などと友人と話しあったりした。

朝、落ち葉といっしょに莢を掃いてしまうが、夕方いってみるとまた落ちている。だから昼間でもはじけることはあるのだ。庭を掃いているとすぐには目につかなかったフジの実があちこちにたくさん落ちていたのに気がつく。直径一センチほどの褐色で革製の薄いおはじきみたいに平べったい実だ。手にとってみると乾き上ったように軽いが、歯でかんでみると、中には薄緑色の青くさい果実が詰まっている。

十一月二十九日　　　サネカズラ

落ち葉を掃き集めていて、開けっぱなしにしてあった庭の開き戸を引いたら、戸のむこうに真っ赤に熟したサネカズラの実があった。カズラという名でわかるように、つる性の植物なので、木を這いのぼることが多いのだが、うちの庭のサネカズラは、なぜかたかだか一メートル半ぐらいのところで藪を作り、自分だけ相手にしているみたいにつるをからめあっている。それで、開き戸を開けたままにしておくと、この植物のことは忘れてしまう。

この実は五、六ミリの丸い小さな赤い玉が、和菓子の鹿の子の表面にある小豆のような感じでいくつもくっついて美しい丸い実を作り、薄青い、長い柄をつけて垂れ下がっている。赤く熟す秋の実の中でも、際立って美しい。ちょっと押すと、中から汁がじゅっとあふれそうな感じに熟し、表面に艶がある。花は黄色に咲くと聞いたときには、実の赤々とした印象が強いので意外な気がした。花もよく見ておきたいと思っているのだが、花の咲く八月には、庭のこの隅には藪蚊が多いし、戸は押したままで過ごしてしまうので、つい見忘れてしまう。図鑑を見ると、雌雄異株だが、雄花も雌花も直径一・五センチほど、黄色い花被片は十数枚もある。雌花の写真を見ると黄色い花びらの中に赤いめしべの集まりが見えている。このめしべの下にある花床が次第にふくらんで球状になり、めしべが丸い実をつけてこの鹿の子状の実ができるわけである。

また、サネカズラのほかにビナンカズラ、ビンツケカズラなどの別名があるのは、このつるや葉はねばねばした汁を含んでいるので、昔は水でといて髪にぬりつけて、整髪料にしたからだそうだ。

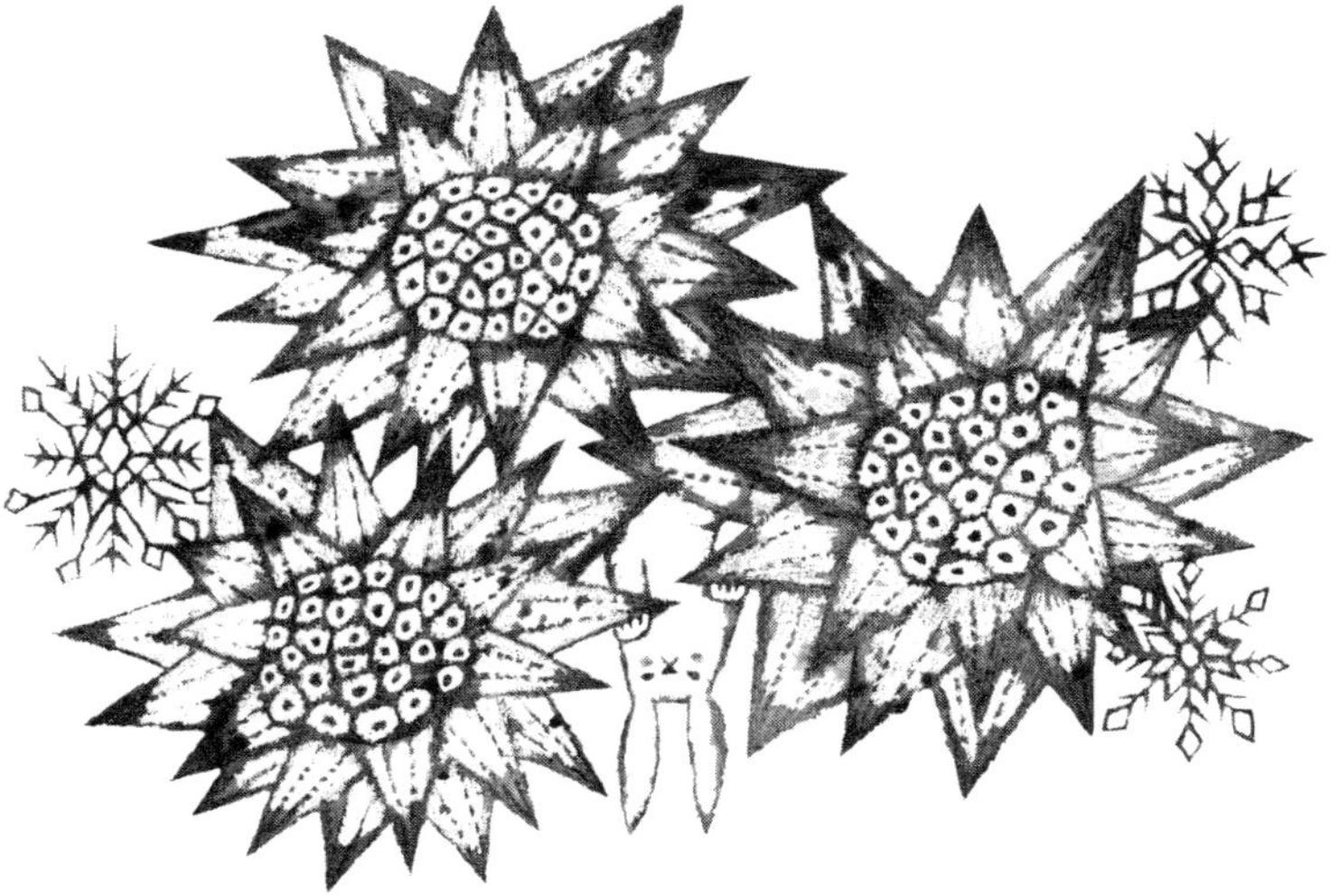

十二月

虻を伏せたる椿――ヤブツバキ

夜明けに風でも出たのだろうか。いつになく早く目を覚ましてしまい、眠りに戻れぬままに時を過ごしていると、新聞配達の足音がした。

新聞を取りにいって玄関を開けると、七、八コの椿の花が落ちていた。まだ朝もやの残っている庭で、この花の赤だけが生々しく、大地から直接咲きだしたように見える。どの花も上を向いて並んでいるのだ。

私は椿の花の落ち方をめぐる、寺田寅彦、牧野富太郎両氏の短文を思い出した。

寅彦はある朝、庭に椿の花の落ちているのを調べて、花粉の痕跡から、一度うつ伏せに落ちたのが地面ではね返って仰向けになったことを知る。そこで、植物学者にツバキが仰向けに落ちるわけを研究した人があるかと問い、たぶんないだろうといわれ、花が木を離れた瞬間から以後は植物学の問題にならぬそうだ。学問とはどうも窮屈なものであるといい、さらに『落ちざまに虻を伏せたる椿かな』という先生（漱石）の句が実景であったか空想であったか、というような議論にいくぶん参考になる結果が、そのうちに得られるだろうと思っている」と書いている。

富太郎の「仰向け椿」という一文は、これに対して「椿の花は、本の方が分厚《ぶあつ》で重く、縁先《へりさき》の方が拡がってはいるが分薄《ぶうす》で、比較的軽いから」枝から離れる瞬間は下向きでも、空中でひっくり返って地面に落ちるのは当然、花が仰向くのが物理学から考えても至当なことといい、さらに花の枝から地面までの距離が近ければ、ひっくり返る余裕がないからうつ伏せになることもある。高い木から落ちる花でも、「あるいは風のため、あるいは花蜜を吸いにくる鳥の動作のため」うつ伏せになるものもないではない、とまことに明快な説明がなされている。この人の人柄なのだろうか。明確ではあるが、どこか攻撃的で、ぴしゃりとしたもののいい方でこんなふうに続く。

「寺田博士の検せられたその日の花は単に一輪のみであったようだが、しかし花の枝と地面との距離の遠近がなんにも書いてないけれども、それはあまり高い上から落ちてきたのではないことが、その文章で察知せられる。

そして距離が短いので、その花が下向きのまま地面に落ちるや否や、その反撥で急に反転して仰向けになったようである。……同博士の文章には、花体の本と末とによって、その重さに軽重の差のあることはなにもうたってはないのは、同博士の実験した花が、空間で反転せずに地面で反転したからであろう。これによって、これをみれば、同博士は椿落花反転の全相には触れていなく、ただその一隅の問題のみに触れていることがわかる。」

寅彦の最初の文章は昭和六年五月の『渋柿』という俳句雑誌に発表されたものだが、それから三年たった昭和九年一月、雑誌『東炎』にのった「思い出草」という文章の中では、「この二三年前、偶然な機会から」椿の花が落ちるとき、空中で回転して仰向きになることに気がついて、観察し実験した結果、そういう傾向のあるのを確かめることができた、といい、樹が高いほど仰向きの花の比率が大きい、低い樹だと空中で回転する間がないのでそのままうつ伏せに落着く。「此の空中反転作用は花冠の特有な形態による空気の抵抗のはたらき方、花の重心の位置、花の慣性能率等によって決定されることは勿論である」といっているが、牧野説とほぼ同じ結論である。

私は最初、『牧野富太郎選集』の中で「仰向け椿」を読み、半年ほどして『寺田寅彦全集』の中で「思い出草」にであった。寅彦が「偶然の機会から」空中で回転して仰向けになるのに気づいたといっているが、この偶然の中にはあの「仰向け椿」の一文が入っているのだろうか。彼はあの説明に教えられていたのだろうか、としばらくの間詮索したのだったが、やがてこんな設問は意味がないことに気がついた。真理は一つしかないのだし、こんなに身近で単純な事実は、関心をもって観察する人なら、誰でも同じ結論に達するというものではないだろうか。牧野氏の文章が目にふれていようといまいと、寅彦は同じ観察結果を得たに違いない。

しかし、漱石の句をめぐる感想は同じにならなかった。

「落ちざまに虻を伏せたる椿かな

は、なかには可能な場合もあれど、それはまたない場合が多い。……この俳句は巧みなようではあれど、ぬけていて真実その実況にはあまりあてはまっていないと感ずる。」（「仰向け椿」）

「もし椿が花の蕊《しん》の上にしがみついていてそのままに落下すると、虫のために全体の重心がいくらか移動しその結果はいくらかでも上記の反転作用を減ずるようになるであろうと想像される。すなわち虻を伏せやすくなるのである。……自分はこういう瑣末な物理学的の考察をすることによってこの句の表現する自然現象の現実性が強められ、その印象が濃厚になり、従ってその詩の美しさが高まるような気がするのである。」（「思い出草」）

獅子舞で

鎌倉では、十月からはじまった紅葉は十二月まで続くが、最後に紅葉するのは獅子舞ではないだろうか。獅子舞と呼ばれている谷には、イチョウとカエデが密生して紅葉する。イチョウはもともと日本に自生するものはなく、神社やお寺に、または街路樹として植えられたものである。山奥の谷にこんなにイチョウが集まっているのは、昔、この谷が庭園として作られようとしていたのではないか、もしかしたら瑞泉寺の庭園を作った夢窓国師の作ではなかったのか、などと楽しげにもっともらしい話をする人がいる。なるほど、大きな岩は庭石に見立てたように配置され、その間を道がのびているし、これも鎌倉の自生植物ではないクマザサが茂っている。

私はこの谷が好きで、年に何度も登っているのに、紅葉の盛りにであったことはまだなかった。わざわざ紅葉の盛りをねらって登ったときにも、まだ時期が早すぎてイチョウもカエデも青いままだった。

去年のある日、遅い昼食をすませて夫と二人で街へでたついでに、獅子舞まで足をのばしてみる気になったのは、街じゅうに人があふれすぎていたからだった。ふっとその気になってしまったので、登り口へ着いたときには、もう日は傾きかけていた。しかし、噂に聞いていた獅子舞のイチョウは、黄金色の葉でその谷あいの道を埋め、カエデは真っ赤ではなかったが、くすんだ紅色とでもいうような微妙な色合いに紅葉していた。枝は思っていたよりも大きく広くのびていて、道の上に大きな紅葉の屋根を作っていた。

下りてくる人ばかりで登る人の見えない谷を、私たちはいっ気に登りつめ尾根道に上ると、夕日はちょうど獅子舞の真正面に落ちてきたところだった。上から眺めると、イチョウは思ったより大きい黄色いかたまりを作っていて、その間をカエデの紅が埋めている。明るいけれど、ふるえるように細い光が、獅子舞を照らしていた。

冬の夕日はすばやく落ちてしまうし、日の沈んだ山は見る見る闇に覆われてしまう。私たちは夕日に照らされている獅子舞をちらりと眺めただけで、尾根道を南へ急いだ。この先に瑞泉寺へ下りる道がある。

少し歩いたとき、足もとの谷から一羽のカラスがひと声高く鳴き声をあげて飛び立ち、それに呼応するように十数羽もいようか、というカラスの羽ばたきと鳴き声が谷にこだました。すると、駆けるように急いでいる私たちの目の前に、先刻見たばかりの獅子舞のイチョウの上に舞いあがったカラスが見え、羽ばたきする翼の下から一枚の黒い羽根が落ち、宙に舞っているところまで、絵のようにはっきりと見えた。

気がついてみれば、カラスが飛び立ったのは、獅子舞の反対側の谷であった。カラスの羽ばたきで、私は絵のような景色を思い描き、その後で、昔そんな絵を見たことがあったような気がしたのだったが、よく考えてみれば、そんな変な構図の絵があったとは思われないのだ。

獅子舞に限らず、心を打たれるような風景にであうと、昔見たことのある場所だと感じたり、同じ風景の絵を見たことがあるように思ったりしてしまう。記憶の底の方からは淡いが、確固とした懐かしさがよみがえってくる。くり返しこうしたことにであうのは、私たちの感性がこの風景をもった風土の中で養われたことのあかしではないだろうか。

❀十二月のメモから

十二月二日　　ベニバナボロギク

緑の葉もくすみ、灰色の枯れ草も多くなった山裾の茂みの中に、一点美しい紅色が見えた。近寄ってみるとベニバナボロギクだった。円筒形にまとまった長い緑色の総包の先に、ほんの少しだけ濃いレンガ色の管状花《かんじょうか》を見せている。ダンドボロギクに花の形が似ているが、ダンドボロギクは横向きに咲くのに、この紅色の花は下を向いている。

こういう大型の草には帰化植物が多いものだが、これはアフリカから。

十二月五日　　キツネノマゴ

道端などにイヌタデ、ハキダメギク、キツネノマゴ、アキノゲシなどの花が見える。キツネノマゴは十月まで、アキノゲシは夏から十一月頃まで、となっているが、ほかは六月から九月までが花期と図鑑などにはでている。けれどもこのなかで一月に入ってなくなるのはキツネノマゴだけで、どれも冬の間じゅう花をつけている。鎌倉はよほど暖かいのだろうか。
キツネノマゴはどこか野暮ったい十数センチくらいの丈の草で、茎は四角、葉の大きさはひと株でいろいろだ。二センチから四センチほどの長さの楕円形で対生、枝の先に短い穂をつけ、花は淡紅色の唇形である。

十二月十二日

ナンテン

椿の花を生けたくて、うちの庭の二本の大きな木と、まだ小さな一本、それに裏山の登り口にある数本を調べてみたが、どれも花びらが散ったように欠けている。ヒヨドリがつついたものだと思う。冬に入ると野鳥の餌は少なくなる。椿の花びらは姿のまま天ぷらにするが、人間が食べてもおいしいものだし、まだ咲きだしたところで数は少ない。ヒヨドリも走りの美味を食べあさっているところだろうか。

椿のかわりにナンテンを二本切った。ナンテンの花は六月頃白い六弁の花を集めて大きな円錐形穂を立てたように咲かせたが、地味な目立たないものだった。今、冬枯れの庭で、赤い実の房は美しく輝いて見える。葉は一年じゅう青々としているが、大きく広がった羽状複葉なので、水差しの中では落着きが悪く、私のようにぽんと投げ入れるだけの生け方をする人間には扱いにくい。だが、この季節には椿のほかにこれといった花がないので仕方がない。使い慣れない剣山を出して茎をやっと固定させた。うちのナンテンも多くの家庭と同じように手洗いの横の風通しも、日当りも悪い場所に植えられているのに、虫もつかないし、病気にもならない。丈夫で、手のかからない木である。

意外なことに、「邯鄲《かんたん》の夢」とか、「邯鄲の夢枕」とかいうときの枕は、ナンテンの太い幹を輪切りにして作った枕のことだそうである（『牧野富太郎植物記』5による）。邯鄲の夢は、不思議な枕を借りて寝たところ夢の中でだけ立身出世して、富貴をきわめ、目が覚めてみればはかない夢だったという話だが、はかない夢の中の話だからこそ面白い。本当にそんなことがかなえられるようではインチキくさくって、大学入試の試験用紙をお金で買った人たちと同じような気がする。

それにしても、太い幹は直径一〇センチにもなるというのに、うちのナンテンは数だけは二〇本あまりもあるのに、どれも万年筆ほどの太さで、枯れ木か鳥の足のように骨々しい。邯鄲の夢を見るほどの太さには育ちそうにも見えないが、ただ、茎を折ったとき内部は不思議な黄色で、いかにも夢の色といった感じがする。

十二月十五日　　ヤツデ

落葉樹がほとんど葉を落とし、紅葉のにぎやかさもなくなってしまったので、山のへりが急に風通しがよくなってしまった。すると、まるで落ちていった葉がそれまでかくしていたとでもいうように、山のへりにあるヤツデの白い花が浮かび上がってきた。この花はもっと前から咲いていたはずである。十月には咲いていたはずだし、直径三、四センチもある白い球を何十

いる。

に染めだしている。お正月になればどれも緑色に変り、やがて桜の花が咲く頃には黒く熟して

をつけているものもあるし、白い球になってしまったものもある。早いものは上部の球を緑色

た髪の毛みたいに短い毛がチョンチョンとでていた。今日、眺めたヤツデは、まだ下の方に花

おしべも水の上に散らしてしまうと、後には小さな白い球が残った。球の頂上には、刈り残し

あるとき、私はこの花をコップにさしておいたことがあったが、この花が、やがて花びらも

い軸から枝分かれして、円錐状に茎の先端についている。

の先についているので、うまく球状にまとまっているのだ。こんな球が二〇コ以上も、太い白

っきりとのびている。この花の柄は一センチ少々、どれも同じ長さで束ねられたように太い軸

さな三角のような花弁を五つ出し、その間からかたつむりの角みたいな五本のおしべが、にょ

という小さな花の集まりなのだ。ひとつひとつの花はほんの五ミリほど、丸い花盤を囲んで小

だがよく見てみると、この花はなかなか面白い。直径四センチ内外のこの白い球は、何十コ

あの長い柄をもったうちわのように大きな厚い常緑樹が、そんな役割にぴったりなのだ。

のあまりよくない裏庭や手洗いのわきなどに、目かくしがわりというように植えられている。

すると、野生のものばかりでなく、よその庭の隅にあるヤツデにも目がいく。たいてい日当り

れていたのだろう。本当に今日になって「あっ、ヤツデの花も終りかけだ」と気がついたのだ。

コもつけているのだから、目につかないのがおかしいのだが、紅葉のあでやかさに目をうばわ

十二月十六日　アオキ

秋の初めに赤く熟した木の実は、ほとんど姿を消してしまった。うちの庭で残っているのは、ナンテンとコマユミ、木の下でひっそり赤くなったヤブコウジくらいである。そこでアオキの実が選手交替とばかりに赤く輝きだした。秋の初めに真っ青だった実は次第に赤くなり、十一月のうちは赤と緑がまざっているが、十二月も半ばになるとすっかり赤くなってしまう。

アオキは名前のとおりで、葉ばかりでなく枝まで緑色で、しかも一年じゅうつやつやと輝いている。細長い楕円形の葉は二〇センチ近くにもなり、密につくし、日陰を好むので目かくしなどによいのだろう。庭の隅によく植えられている。

アオキは一年じゅう同じように青々とした葉を下げているので、たとえばいつも同じ背広で表情を変えない男のように面白味がないように見える。しかし春の芽立ちの頃、注意してみていると、新芽は薄い和紙のような膜につつまれた筆先みたいに静々とのびてくる。やがて膜を破り、若葉は根元だけ束ねられて柔らかくひろがっていく。目をむけていれば、なかなか優雅な変化を見せてくれる。

花は春わりに早く咲く。雌雄異株で、雄花のほうは一〇センチほどの円錐形の穂になって咲き、雌花は数コつくだけだ。雄花も雌花もひとつひとつの花は直径七ミリほどの紫褐色の四弁花で、雄花には四コのおしべ、雌花には一コのめしべがあるだけだ。花は地味だが、雌花に実がつくと、俵形のナツメを思わせる実は二センチほどの長さで、数コずつつくので、花のない冬の間はよく目立つ。特に雪など降った日に、葉に積もった雪の下からこの赤い実がのぞいていたりするのは、はっとさせられるほどの美しさだ。

十二月二十日　　　ヤブコウジ

久しぶりに庭の大掃除をした。ツツジやサザンカなど細い枝を茂らせている木の下までほうきを入れていくうちに、ヤブコウジがあまりに多いのに驚いてしまった。どれも小さな赤い実をつけている。

古庭に箒をあつるやぶこうじ　風生

とはこういうことだろうか。この丈一〇センチほどの小さな常緑樹は、地下茎でふえていくそうだから、一本あったはずのところに一〇本にふえていてもそう驚くことはない。けれども、思わぬところに二、三本ふえていると、これは赤い実を小鳥が食べでもして糞から発芽したものではないか、などと考えてしまう。

赤い実はほんの五、六ミリ。ひょろりと立っている幹と、四枚ずつ輪生している葉が二段ほどあるだけで、葉のつけ根からほんの一センチちょっとの柄をのばして二、三コの実がぶら下がっている。ごくシンプルだが、冬枯れの庭では、なかなかにすっきりと映えて見える。明治時代にヤブコウジの栽培ブームが起こったことがあるそうだが、この木を鉢に植えてみるのも面白いかもしれない。ケヤキのような大木をミニチュア化して鉢植えにするのは痛ましいような気がするが、ヤブコウジならこのままの姿で鉢植えになるだろう。

十二月二十二日　　　　　　　　　　ユズ

夕方買い物から帰ってくると、隣の家でユズをもいでいた。夕方の薄ぐもりの中で、籠いっぱいのユズがさん然と光って見える。私はあまり新鮮とはいえない一コ一五〇円也のユズを二つ買ってきたところなのに、あそこにはユズが鈴なりになっている。今日は冬至で、柚子湯の日である。ひと冬じゅう自由に使えるユズが庭にあったら楽しいだろうと思うのだが、この木は生長が遅く、俗に「桃栗三年、柿八年、柚子の花咲く三十年」といわれるくらいである。うちの庭には、五年ほど前に友人宅から移植した小さな木があるが、まだ花ひとつ咲かない。もっとも植木屋で接木して育てたものは、もっと早いそうだから、このユズは実生のものなのだろう。ユズの花は五月頃に咲く白い五弁の花で、香りがいいので花柚子といって汁の実などに浮かせて使ったりする。だから毎年五月になると、私はうちの庭のユズの枝をたびたび調べるように見ているのだが、ため息をつくばかりである。私は葉のついている枝ばかり見ているので、図鑑など調べなくても正確に絵がかけるようになってしまった。ユズの葉は六センチほどの先の尖った長舌形、葉の柄に大きな翼がついている。コマユミの翼を短く太くしたような葉は互生で、枝には鋭い刺がある。

十二月二十三日　　　　　　　　　　カガリビバナ

「シクラメンを安く売ってくれる農園があるから、お正月用にいかがかしら」と友人から電話があった。私たちの子供の頃、正月用の鉢といえば福寿草だったし、戦後の一時期にはハボタンがブームになったことがあったが、最近では正月の花といえばシクラメンらしい。私の家では、鉢植えの洋花を置いたことがほとんどないのだが、「格安だから、おつかい物にいいわよ」とすすめてくださっている。そういわれて思い出したのだが、去年の冬、友人の部屋にひとかかえもあるようなみごとな白花のシクラメンがあって、贈り主が男性だったので、私たちは花のある間じゅう、からかい気味にその男性の噂をした。シクラメンは、百日も咲いているといわれるくらい花期が長いから、彼女にはうっとうしかったかもしれない。

先日、近所のお医者さんの診察室で見た赤いシクラメンの鉢は、患者さんから届いたものだった。花茎が二〇本もあろうかという立派な株で、赤い花の集まりは燃えているように鮮やかだった。シクラメンの和名はカガリビバナだが、命名したのは牧野富太郎氏で、そのときのエピソードが面白い。氏は明治末期の頃、新宿御苑につとめていたことがある。

「ある正月、たぶん九条武子夫人だったと思いますが、中年の華族の婦人が二、三人連れだって、御苑の温室で栽培している草花を見物にやってきたことがありました。……シクラメンの花が咲きほこっているときでしたので、この貴婦人は、シクラメンの花をみて『美しい花ですわね、ちょうどかがり火のようね』と評していました。わたしは、この率直な批評をたいへんおもしろく感じ、シクラメンの和名をカガリビバナとすることにしました。」（『牧野富太郎植物記』7）

シクラメンの根は平たい円形で、英名をsow bread（豚のパン）というのは、野豚がこの根を食べたからだとか。和名の最初はブタノマンジュウ（豚の饅頭）。パンにちなんで、この円形の根茎を饅頭に見立てたものらしい。しかし、牧野先生は、「わたしは、美しい花にそぐわない変な名だと思っていました。そこで、だんぜん、シクラメンの和名をカガリビバナに改めたというわけです」。こういうときに、だんぜんとつくのがこの先生らしい。

一月

梅が咲いていく

毎年、新年の私の仕事始めは、庭の紅梅と、裏山の白梅の花を数えることである。庭の隅には、もう一本の白梅の老木があるが、日当りの故か、年老いてしまったのか、半月も遅れてからでなければ咲かない。

元旦の庭に紅梅が咲いているのは華やかでいいものだが、よほど暖かい年でなければ花を見ることはできない。紅梅はいったいに、白梅より遅いし、薄紅梅などという種類はもっと遅く、アンズの頃にやっと咲く。

裏山の白梅は、丘の上の日だまりにあるので、一輪も咲かないという年は少ない。私は梅の花を数えに、毎日のように、椿の下をくぐり抜け、枯れ草をかきわけながら裏山へ登っていく。蕾はゆっくりふくらんで、最初の一輪が開き、やっとまた一輪、そして二輪、というようにぽつりぽつりと開いていき、三輪、五輪と数えると、その後は急にあちこちの枝に花が咲いてしまう。

丘の上には気持ちのよい、暖かい空気が満ちていて、時折、風もないのに、花の香りが運ばれてくる。梅の下にひとりで座っていて、私はよく千家元麿の詩を思い出す。

　これが人の世か。

静かに梅が咲ゐている。

この花の咲いている様子をひと言でいうのなら、私も「静かに」という言葉を選んでしまう。桜の花は、時間の流れのすさまじいほどの速さを凝縮して見せてくれる思いがするし、桃の花ののどかさは、時間の外側につれだされたような気持ちにさせられる。梅の花を見ていると、時が静かに、まるで止まってしまったかのようにゆっくりと進んでいく様子が見えてくるのだ。「老梅樹の忽開花のとき、花開世界起なり」（道元）というのも、このゆっくりした時間があるからこそ、花が開いたときに、そこに世界じゅうの力が集まって、花を開かせたように思えるのではないだろうか。

梅の花の終りは、摘み草の季節のはじまりになる。私は庭の紅梅が花盛りになったところで、枯れ草の下の草の芽立ちを見に、野外をよく歩く。すると、あちこちの山裾には、いつ頃植えられたものだろうか、野生化して、雑木や枯れ草に埋もれている梅が、枝を野放図にのばしたまま花をつけている。褐色の冬景色のあちこちで白くもやっている梅の花は、そこだけがなごやかで、春がはじまったような気がする。

腰まである枯れススキをかきわけたり、霜枯れしている土手の草を踏んだりしながら、花の下へ近づくと、あの品のいい、梅の匂いがしてくる。この匂いは間違いなく梅に違いないのだが、私たちが見慣れている庭木の梅とはどこか様子が違う。

梅は手入れが必要な庭木である。「桜切る馬鹿、梅切らぬ馬鹿」といわれているように、梅の姿は剪定の産物である。みごとな梅と感心される庭木は、植木屋によって様式化された作品ともいえる。そして、様式化は、左右対称《シンメトリー》という西洋的な概念とは無縁に、自然の樹木を圧縮し、簡素化することである。野生の梅を見てはっと気がつくのだが、庭木の梅は、光琳か誰か、様式的な日本画の世界と重なりあっているものだ。私たちは、庭のひと隅に、伝統的な日本の美意識を抱えて暮らしている。

春の七草

貝原益軒の『日本歳時記』は、民間の身近な年中行事を解説した書物である。三百年あまりを経た今日でも、まだ生活の習慣として残っているものが多いのに驚かされる。

一月からはじまっているこの本を読みはじめ、七日のところへくると、

「今日七種《ななくさ》の菜粥《さいじゅく》を製し食ふ。七種菜《ななくさな》といふは、歌に、せりなづな五形《ごぎやう》はこべら仏の座すずなすずしろこれぞ七くさ」

と書かれている。七草粥は今日ではかすかに残っている行事になってしまったが、それでも、正月明けのデパートでは、七草粥用にナズナを売っていることがある。歌の最初にあがっているセリなら、今日では一年じゅう店頭に並んでいるので、七草粥用にとわざわざ売ることもないのであろう。ナズナは、「七草なづな」と歌われるほど、七草粥にとっては代表的なものだが、生長して花をつけると、ペンペン草とか、猫の三味線とか呼ばれる草になることは案外知られていない。ペンペン草なら、都会地の空き地や道端でよく目にする。これが七草のナズナ

なら、その若菜を摘めばよいというわけだが、やせた都会地のナズナは筋ばっていておいしいとはいいがたいものだ。山村の人にナズナはあまりおいしくないといって、けげんな顔をされたことが何度かあったが、この草は土地によってずいぶん違いができるものらしい。

五形はホウコグサのこと。母子草とも呼ぶ。白いフェルト状の毛におおわれ、黄色い頭状花をつける。昔は、お餅につぎこむのはヨモギではなく、このホウコグサだった。この草の長い白い毛が米のつなぎになったそうだ。しかし、粥に入れるにはたいしておいしいものではない。

はこべらはハコベのことで、今日では小鳥の餌として重用されている。少し青くさいが、人間でも食べることはできる。しかし味覚のためより、妊婦の乳の出をよくさせる草であり、また、歯みがき粉の原形ともいうべきはこべ塩の原料として知られている。仏の座は、同名のシソ科の赤い筒形の花を咲かせる草ではなく、キク科のタビラコを指している。キク科の草はたいてい食用になるものだが、これも特別おいしいというほどのものではない。

残っている「すずな、すずしろ」の二種くらい、おいしい野の草をあげてほしいものだが、今日では、すずなは蕪《かぶら》、すずしろは大根というのが定説になってしまった。益軒の歳時記では、「すずなは菘なり。うきなをいふ。京都にてはたけな、水菜などといふものの事なり、ゐなかにては、京菜と云。世人多くは菘を知らず」とでている。私も菘は知らなかったが、水菜または京菜ならばよく知っている。煮物にしたり鍋に使ったりもするが、漬物としてよく使われるアブラナ科の冬の野菜である。お粥に入れるには、セリと並んでいちばん適しているような気もするが、七種は今日では七草と書いているように、野の草を摘んで作る粥のことではないだろうか。栽培され、売買される野菜で作るのでは、面白味がないような気がする。

しかし、都会地では摘み草をするような場所も少なくなってしまったし、青みだけのさらりとしたお粥も、あまり日常的な味覚ではなくなってしまった。野の草でなくても、七種類なくてもよいから、七日の朝食に青い葉を刻んで入れたお粥を食べる習慣くらいは残しておきたい。青みの浮いた白いお粥は見た目にも美しいものだし、正月のご馳走のあとにあっさりしたものを食べてバランスをとるのは、上手な生活の知恵ではないだろうか。

❀一月のメモから

一月一日　ウメ

裏山の日だまりにある白梅がたった一輪咲いている。うちの庭の紅梅は蕾が薄紅色に見えはじめたが、まだ一輪もほころんでいない。しかし暮に切って家に入れておいた枝は、白梅も三、四輪花がついている。白梅はたくさん集まったところを見るのがよく、紅梅は一本の木を眺めるのが適しているといわれるようだが、白梅のほんの小さな一枝も楽しいものだ。壺にさして、すぐ目の前で花を眺めていたら、先日、テレビのクイズ番組に「梅は何科の植物でしょう」という問題がでていたのを思い出した。答えはバラ科で、司会者が「これはぼくも知らなかった」と意外そうにいっていた。梅とバラが同じ仲間なんておかしいと思うのかもしれない。

しかし旧制の中学校の教科書は、一学期、桜の花が咲いている頃はじまるので、まず桜を取り上げる。桜もバラ科の植物だから、バラ科の特徴を「①萼、花びらは各五枚、②おしべ多数、③萼、花びら、おしべ等は、いずれも筒状の花托の上につく。④葉に托葉あり」などとあげ、この科に桜、バテ、梅、桃、梨、ビワなどが入っていることを教えたのではないだろうか。今日ではこんな外見の構造などたいしたことではないと思われているらしく、分類より生物のなりたちに熱心だ。昔は一年の多くの時間を分類に使っていて、その最初がバラ科の説明だった。あの司会者はきっと戦後の教科書を使った人に違いない。

一月二日　　ハキダメギク

家の門の前の道路わきに、なぜかハキダメギクが群生して白い小さな花をつけている。この花は夏休みの終り頃には、もうこのあたりにちらほら咲いていたが、こんなに一度にたくさん咲いたのは初めてだ。もとは熱帯アメリカの原産だというのに、よくこんな寒い季節に花をつけるものだと感心してしまう。

名前が汚ならしいので、厄介な雑草みたいに思われているが、よく眺めればほんの五ミリほどの花は、白い五コの舌状花に囲まれた黄色い管状花からできていて、それなりに可愛いものだ。しかし、花にくらべて長さが五、六センチにもなる大きな葉や、二、三〇センチにもなっている茎などには、全体に粗毛が生えていて、見ているだけでも、ざらざらした感触が伝わってくる。

裏山の白梅の下ではハコベが白い小さな花をつけていた。この花も五ミリほど、白い五枚の花びらがくっきりと目立つのは、柔らかそうに茂った葉の濃い緑色がバックになっているからだろう。ハコベの緑はいつ見ても青々とみずみずしい。ハキダメギクのざらついた葉を見たあとでこの草のかたまりにであうと、アメリカの荒野の赤茶けた岩肌と日本の自然の違いを思い浮かべてしまう。

一月三日　　ロウバイ

光則寺へロウバイを見にいったら、今年はもう花が散りはじめている。土の上から拾った花は、名前どおりに蠟細工の造花のような光沢をもった薄黄色の花である。梅に似た花といわれているが、花びらは梅のように丸くはなく、先の細くなった長楕円形の花びらを少しつぼめるようにして下向きにつけている。よく見ると外側には小さな花びらがたくさんつき、内側にも短い花びらが見える（これは萼の変化したものと花びらとがまじっているのだから花被片というべきだが）。

この境内にあるロウバイは、素心蠟梅といわれる種類で花全体が薄黄色だが、ふつうは内花被は暗紫色になる。黒に見える花びらを黄色い花びらが囲んでいたら、なおのこと、あのあっさりした梅の花とは趣の異なった印象を受けるだろう。

梅に似ているところといえば、花柄がほんの二ミリくらいで、まだ葉のでていない枝にへばりつくように花が咲いているところだろう。またこの花も梅と同じようによい香りがする。今日、山門へ近づいたら、淡いいい香りがしてきたが、あれはロウバイの匂いだったのだろうか。境内にはもうスイセンが三つ四つ花をつけ、数多い古木の梅も花を開きはじめていた。どの匂いなのかはわからなかったが、しんと寒い空気の中にほのかな香りがあるのは、暖かい季節の濃い香りとは別のよさがあるものだ。

一月六日　　タンポポ

庭の紅梅がやっと一輪ほころんだ。

あすの朝の七草粥のために、奥の谷戸へいく。湿地で柔らかそうなセリをひと籠、タネツケバナの花のついていないのを数株とり、土手の枯れ草の間から、タンポポの若葉をひと握りほど摘んだ。タンポポの若葉は掌の中でしっとりと柔らかく、葉の端を噛んでみたがまだ苦味もない。こんなタンポポならサラダにもいいし、このままトントンと刻んでお粥に入れてもいいはずだが、一晩おいても大丈夫なのだろうか。野草は時間がたつにつれてアクがでるものだから、念のためタンポポだけはゆでて、水にさらしておく。

ごぎょうのハハコグサ、ほとけのざのタビラコ、ナズナ、ハコベなど谷戸にあるのをひととおり眺めていたけれど、今年も摘まなかった。おいしくなかったり、苦かったりする。

一月九日　　ハハコグサ

庭の紅梅四輪、裏山の白梅はもう二〇コあまり。一月の末になってやっと数輪という年もあるのだから、今年は暖かいのだろう。その故だろうか。散歩道の土手で、ハハコグサとハルジオンの花を一つずつ見つけた。すぐそばに、フタバハギが一〇センチにものびていた。もしかしたら、秋の初めに草刈りをしてしまって、暖かい秋から冬に少しずつ芽を出してきたのかもしれない。

ハハコグサは茎にもヘラ形の葉にも白い綿毛が密生していて、柔らかいフェルトのような感触だ。茎の先端にかたまって咲いている黄色い花も、葉もモダンな感じがする。しかし七草にまであげられているのだから、万葉人の日常生活に親しまれた草だったのだろう。

ハルジオンは同じキク科だが、外側に舌状花が丸く並び、真ん中に管状花という菊らしい形をしている。小さな花も親しみやすく懐かしいような感じがするが、これは大正時代になって日本へ輸入された北米原産の草花である。

一月十二日　　　　ミツマタ

知り合いの植木屋さんの家へミツマタを見にいったら、まだ蕾のままだった。葉を一枚もつけていない細い枝をしなわせて、名前どおり三叉になっている先端のひとつひとつに蕾がぶら下がっている。ホウコグサの感触を思わせるようなくすんだ青磁色のフェルト状の花管が、何十本も束ねられてぶら下がっている。花が咲けばこの管の先っぽが四つに割れてそり返り、内側の明るい黄色が二ミリほどちらりと見えるようになるのだが、もう少し先のことだろう。

一月十四日　　　　キンカン

昨夜、少し風が強く吹いたと思ったら、玄関の前にはヤブツバキの花がたくさん散っていて、裏山の夏ミカン、ハッサクが裏庭へ転がり落ちていた。どうせならユズが落ちてきてくれればいいのに、と遠くの大木を見上げると、高いところに、二つ三つ見えかくれしている。この季節には花といったら、梅と椿くらいしかないのだが、柑橘類の艶やかな黄色はあたりを明るくしてくれる。

昨日は、Mさんからキンカンの砂糖煮をいただいた。黄色く熟れたキンカンに包丁目を入れて水煮をし、種を出してから砂糖を加えてゆっくり煮こんだものだが、快い苦味があっておいしい。もっと季節が進めば、よく熟したのを枝からもいで食べるのもいい。

一月十八日　　　　フキのとう

農協市場にフキのとうが売りだされていたので、心当りの場所をひとまわりして八つ見つけた。少し開きかけたものを刻んで味噌汁に散らし、あとはそのまま衣をつけて天ぷらにした。

フキのとうはフキの蕾にあたる。地上に頭を出したばかりで、蕾の集まりが薄緑色の包にしっかりつつまれているところがおいしいので、落ち葉や枯れ草の下から探しださなくてはならない。あの丸い大きなフキの葉が茂ってしまえば、どこにフキが生えるかはすぐにわかるわけだから、葉のあるうちに散歩道のフキのありかを覚えておく。すると春先には、葉が枯れていても自分の畑の作物でもとりにいくように、フキのとうを手に入れることができる。

フキは雌雄異株、と図鑑にでている。フキのとうが生長して四、五〇センチにもなると、丸いかたまりに見えたとうは、枝分かれして、蕾というより蕾の集まりだったのがわかる。蕾は白っぽい小さな筒形の花をつけるが、この花がめしべだけの花の株と、おしべと退化しためしべをもっている株とに分かれている。雌花は糸状に細く、このめしべにおしべの花粉がつくと実を結ぶと理屈では知っているけれど、おいしい時期を過ぎてしまうと、ほうけてしまったフキの花を手にとることは少ないので、雌雄を自分でたしかめたことはまだ一度もない。今年はしっかり観察してみよう。

一月二十日　　　クコ

買い物の帰りに海辺の墓地をのぞいたら、もうスイセンの花が七つも咲いていた。クコの茂みでは、新芽がいっぱいでているので、買い物籠のわきにあふれるほど摘んだ。この木は、暖かい鎌倉では、枝を切りさえすればほとんど一年じゅう芽を出すような気がする。新芽は割り箸ほどの太さで、ヘラ形の三、四センチほどの葉をつけて直立する。新芽のうちは茎もいっしょに食べられるが、やがて生長すると灰色の枝をしなわせて藪のように茂り、刺状の小枝を出す。今日は油でいためて食べた。これもかすかな苦味が風味になっていて、春らしい味だと思う。

一月二十二日　　　ウグイスカグラ

庭にウグイスがきている。梅の花の咲く頃になると、遠くまで花の香りが匂っていったというようにあらわれて、枝から枝へとひゅっと線を引くように渡っていく。そして、この時期にウグイスカグラの紅色の可愛い花が開く。ウグイスカグラは、山や林にふつうに自生している小さな木だが、花も葉も可愛らしい。葉は対生で三センチ前後の小さな卵形だが、この季節には寒さにやられたのだろうか、葉の緑が少し紅がかって縁どりができている。花は最初二センチほどの柄の先にヒョウタンのように細長い蕾をぶら下げるが、開くと筒の先が五つに裂けてじょうご形になり、下向きにぶら下がる。朱色がかった肉厚の可愛い花で、筒の中から黄色いおしべをちらりとのぞかせている。

初夏になって山を歩くと、この花には一センチほどの楕円形の赤い実がなっている。すると赤い実は長い柄をもっていて、葉のつけ根から下がっているのが花のときよりもよくわかる。この実は甘くて食べられる。山村では六月田植えの頃に熟すので、田植えグミなどと呼んでよく食べるそうだ。でも、もう少し大きいといいのだが、小さすぎてあまり味がわからない。

スイセン

一月二十三日

庭のジンチョウゲが紅色の蕾をふくらませてきた。その下で、スイセンがやっと一輪だけ花をつけた。日当りの悪い場所にあるので、よそよりも花のつきが遅い。顔を近づけてみると、あの甘い懐かしい匂いがして、なにか思い出したいことがあったのに、思い出せないときのような気持ちになる。香りの記憶は淡いけれど、淡いまま記憶の中から消えてはしまわない。だから春一番にスイセンの匂いをかぐと、もやもやした記憶をはっきりさせたくってあせってしまう。

四国や九州など、暖かい地方の海岸には野生のスイセンがあるそうだ。香りが栽培品よりずっと強いと聞いたことがあった。鎌倉でも海辺の土手や墓地の一部には野生化したスイセンがあるが、うちの庭のスイセンより強い香りを漂わせているようには思えない。考えてみれば、私はスイセンに特別の肥料も与えずに放っておくだけなのだから野生のものと変りはないわけである。香りは同じだが、ときどき花びらの色が微妙に違っていたり、花弁が目立って細くなったりするものが見える。しかし、どれもスイセンで、花は六枚の花被片を平らにひろげ、真ん中に黄色い杯状の花（副花冠と呼ばれる）を重ねている。数コずつ花茎の先端につき、どれも横向きに咲いているのだが、花筒部が長いせいだろうか、うつむきかげんのものや、やや上向きに咲いたものなどいろいろだ。

二月

北の斜面から――スハマソウ

雪割り草を探しに、二月の終りに鎌倉湖に続く山を登った。雪割り草は、雪の下から咲いてくる花という意味なのだから、冬の終りの花である。鎌倉では、早い年には一月の末から、鎌倉湖のまわりの山の北の斜面で咲きはじめる。北の斜面にしかないのは、この植物が寒い土地のものなので、暖かい日のさす南斜面にはむかないと教えられたことがある。真偽のほどはわからないが、私の知人たちは、北の斜面でしかこの花を見ていないそうだ、細い尾根道のわきにあるものまで、なぜか北側で咲いている。

私は前に二度ほど、このあたりを歩いて雪割り草を探したことがある。けれども、北の斜面というだけでは、このあたりは広すぎ、花は小さすぎた。結局、私は自分では発見できないいま、今度は雪割り草をここで見たことのあるSさんにつれられ、もう一人の友人を誘って三人で歩いた。

鎌倉湖からN住宅地へ抜ける山道は、かなりな急坂である。左手の下の方には青くよどんだ鎌倉湖が見える。右手の急な崖の下の方にも沼のような湿地が見え、北といえばこちら側である。この小さな山は、湖と沼の間に薄くそそり立っているように見えるが、本当に斜面で探せるのだろうか。「この辺で見ましたよ」とSさんがいったのは、細い急坂の登り道がやっと尾根道らしくなだらかになったところだった。北側の斜面は落葉樹の林で、細い裸の梢が多く、足もとには落ち葉が二〇センチも積もっている。乾いた落ち葉はすべりやすいので、梢につかまりながら斜面を下りていく。裸の梢ばかりと思っていたのに、ウグイスカグラが薄紅色のザクロのような可愛い花をつけている。小さな緑色の葉も開きかかっていて、この林の中でこの細い灌木がいちばん早く春を迎えようとしているのがわかる。開きはじめたキブシの花房もあちこちでゆらゆらしている。

可愛らしい紅色の花に見とれていると、Sさんが「ありましたよ」と呼んでいる。思ったより高いところで、尾根道のすぐ下である。私たちが、落ち葉をけ散らすようにして走っていくと、かきわけた落ち葉の間に一センチほどの小さな花が三つ見えた。白い花びらが六枚に見えるが、これは萼、とは勉強ずみである。花のつけ根に萼と呼びたいような三枚の小さな葉がついていて、これは包である。花は長い柄の先についているが、根元からはこれも可愛い三ツ葉形の葉をつけた葉柄ものびている。そこで思い出したのだが、私たちはこの花を雪割り草と呼んでいる。その名前の可愛らしさもあって、この花を早く見たかったのだが、正しい和名はスハマソウである。このクローバーの先っぽを尖らせたような丸っこい形がスハマソウで、もう一つ、三つに裂けた葉が、もっと細く、先の尖っているのがミスミソウ、二つとも雪割り草と呼ばれている。

スハマソウは花も葉も一センチほど、ちょうど咲きはじめの頃のタチツボスミレほどの大きさだ。花柄がひょろりとのび花をささげもっているようなところが、ちょっとすましているように見えるが、全体としてはこの褐色の林ととけこんでいるひなびた花である。一つ実物を見てしまうと、次を探すのは急に楽になってくる。見当をつけて、落ち葉の薄くなっているあたりをかきわけると、この白い花がひっそりと咲いている。

スハマソウを探していると、近くでいくつものカンアオイが花をつけていたので、この花も北の斜面を好むのを思い出した。絵をかきたいという友人は、カンアオイをよく観察したいからといって、ひと株だけ掘り出した。すると、根元のあたりからだろうか、うっすらといい香りがしてきた。花のもっている甘い香りとは別な種類の匂いなのだが、何といったらいいのだろう。そう、森の湿ったよい匂いとでもいってみようか。茸や樹木の幹や、腐った落ち葉などから漂ってくる匂いに近いような気がした。

雪割り草を落ち葉の下からいくつも探し出して、十分に堪能してしまうと、私たちはまた落ち葉をかぶせた。このあたりの雪割り草は、ハイカーに荒らされて年々減ってしまうので、人目につかないようにかくしておかなければならないのだそうだ。私のように探しにきても発見できない人間もあるのだから、ひっそり咲いている小さな花にまで目が届くまいとも思うのだが、この場所を教えてくださった人からの申し送りなのである。

帰り道は、N住宅地を通り抜けて明月院の横を通り、北鎌倉の踏み切りを渡って、尾根道伝いに佐助へでることにした。寿福寺の裏の山へ登り尾根道を進むと、椿が多くなり、椿の林の中を狭い尾根道が抜けている。尾根道の両脇には落ち椿が真っ赤に重なりあっていて、枝をのばした椿の下をトンネルを抜けるようにして細い尾根道がのびている。厚い常緑樹の葉が茂っているのだから、このトンネルは薄暗く、頭上に残っている椿の花も道の両脇を埋めている落ち椿も、かえって鮮やかに赤く見えた。そして、この暗い茂みを通り抜けたとき、私の目の前に先刻見たスハマソウが生き生きとよみがえってきた。可愛らしくはあるけれど、ひなびた地味な花だと思っていたのに、目の中にひろがった椿の赤をバックにして、あの小さなスハマソウが、急にはっきりと見えだした。

神の手——カンアオイ

北鎌倉の建長寺裏から登って、大平山、天園を経て十二社か瑞泉寺へ下りる尾根道は、年に何度か歩く。鎌倉アルプスと呼ばれているそうだが、視界が開けて眼下に街が見えなければ、木立の深さはアルプスと呼んでみたくなるかもしれない。特に杉木立の続くあたりは昼なお暗く、下草も少ない。夏になれば、それでもオカトラノオやセンニンソウ、ウツボグサ、アキノタムラソウなどが、枝の間から洩れるわずかな日ざしの下で咲いているのだが、春早くには草の葉の緑はまばらにしか見えない。

そんな中で、ハート形のカンアオイの葉はよく目についた。寒中でも葉が残っているので、カンアオイと呼ばれるそうだが、新しい葉がでて古い葉が枯れる仕組みだから、寒中に限らず一年じゅう緑なのである。

この緑はくすんで、葉の表面は粉をふいたような感じがする。縦の長さは六センチくらいから、横はもう少し狭く、紫がかった長い柄がついている。どこかで見たことがあるような気がすると思っていたら、シクラメンの葉をもう少し縦長にのばしたような感じだった。花は根元になかば土に埋まったようにして咲くのだが、私は山道を歩くのに気をとられてしまうせいだろうか。何年もの間、花のついているところを見ないままに過ごしていた。

初めて見たのは、ある年の二月も終りのことだった。K先生のお宅へうかがうと、「カンアオイの花が咲いてますよ」と庭へつれていってくださった。二月の末の庭は、どの緑も勢いがなくまだ寒そうに見える。ジンチョウゲだけが、ほんの二つ、三つの花を咲かせだしたところだった。

庭の土は乾燥して、表面が浮き上がったように見えていた。K先生があの見覚えのあるカンアオイの葉をそっと押しわけて、指先で根元の土を少し掘ると、直径二センチほどの小さな壺形の花が見えた。にごった紫色なのだが、なにか好ましい可愛い花である。

この花には花びらはなく、この壺形の花が萼で、よく見ると萼片が三枚、壺の上についている。そして面白いのは、この花は実がなっても花の形はそのままで、やがて花がぼろぼろにくずれてくると、種子が根元に落ちて、運がよければ親株のすぐそばで芽を出すのだそうだ。ヤマウドのように種子をはじいて遠くに飛ばすもの、風に運ばれるタンポポ、鳥に食べられて糞の中から芽を出すものなど、種子のひろがり方はいろいろあるが、カンアオイは驚くべき遅さで、ほんの狭い範囲にしかひろがらない。「一万年で一キロと算定している学者があるよ」と先生がおっしゃった。

この花は、やがて宅地造成がはじまるという横浜の山から運ばれてきたものだが、その間の距離が一〇キロだとしても、十万年分の時間をわずか半日で移動してしまったことになる。私はなにか神の大きな手がこのカンアオイをすくって、一〇キロと一〇万年の時間をくぐり抜け、ひょいとここへ届けてくださったような気がした。空中へのびた長い手が、目の前をよぎるのを見ているような気がしてしまった。

K先生の病気がはかばかしくなく、海辺の病院に入院なさったのは冬の初めのことだった。お見舞いにうかがったときには「早くなおって、春の山を歩きたいね」とおっしゃっていたのに、お正月も終り、明日は成人式という日に突然の訃報に接した。

葬儀の日はよく晴れていたが、風が冷たく、読経の声をその冷たい風が遠くまで運んでいった。垣根には朱色の細長いクチナシの実が残っていて、ジンチョウゲが濃い紅色の蕾をつけていた。そう広いとはいえない庭には、何十種類もの野の花が植えられている。いっしょに野外を歩くとき、自生する植物を掘り取るのに厳しい先生だったが、山々が次々と切りくずされるようになると、宅地造成地の中に消える運命の草花はこの庭へ移ってきてしまった。ニオイスミレ、エイザンスミレ、クマガイソウなど、この庭で初めて見たものである。読経の声に重なって、植物の説明をしてくださった先生の声が耳によみがえっては消えていった。

私はあのときのカンアオイを見たくて、人気のない裏庭へまわった。カンアオイは、黄色い実を重たそうに下げている夏ミカンの下で、あのくすんだハート形の葉をのばしていた。長い柄を押しわけ、先生があのときなさったように根元の土を払うと、小さな緑色の蕾が見えた。緑色の包にかたくしっかりとつつまれていて、まるで蕾は歯ぎしりでもしているように見えた。

小さな包が何枚も重なりあっていて、タンポポの蕾をもっともっとかたく閉じたような感じで、中央がもりあがり、橋のランカンの上に飾られるギボウシのような形になっていた。しかしこの蕾も、もうひと月もすれば開いてしまう。

クチナシの実は落ちてしまうが、ジンチョウゲは咲きはじめる。さらにもうひと月たてば、カンアオイの花はまだ咲いているが、スミレが加わり、ジンチョウゲが消える。やがてエビネもクマガイソウも開くが、カンアオイの花はその頃にはもう落ちている。花のなくなったカンアオイのハート形の葉のむこうにホタルブクロが咲き、ネジバナもエーデルワイスも咲いてくる。主のいなくなったこの庭で、草花たちは咲いては朽ち、また咲いていく。

❀二月のメモから

ノビル

二月七日
風邪をひいていたので一週間ぶりに外を歩いたら、光が明るく、春らしい空になっていた。クコの新芽もフキのとうもたくさんあるし、驚いたことに、海辺の土手ではカンゾウも芽を出している。風邪で寝ている間に古い日記を見ていたら、二月の十五日になっても、極楽寺の境内の梅がかたい蕾のままだった年がある。もっとも、日当りのいい山門の前の梅は、七分咲きになっていたのだから、境内のものはうちの庭の老木なみに花が遅いのかもしれない。
今日、その極楽寺の前を通ったので山門前の梅を見たら、もう散りかけている。そして、山門近くの古いお堂だった家の空き地で、ノビルがもやもやと細い、緑の葉を茂らせている。ノビルは晩秋に葉を出してそのまま冬を越すので、ほとんど一年じゅう緑の葉を茂らせているように見える。実際、小さな白い球根は一年じゅう掘って食べられるのだから、ノビルには旬がないようにも見える。しかし、葉がもやもやと柔らかく茂ってきたのは、春がきた証拠である。夏のノビルもかたくなってしまうが、冬のノビルもこんなふうに柔らかな感触ではないような気がする。

今日は根ごと掘って、葉も根もゆでて酢味噌で和えて食べ、生のままの根に生味噌を少しそえて、これは夫の酒の肴に一品加えた。ノビルを見誤る人はいないと思うが、心配な人はあの生糸のように細いネギのような葉を切断してみれば、横断面は三日月形だし、球根は外皮が黒くなく、真っ白でまん丸い。

二月九日

カラスノエンドウ

海辺の病院へ友人のお見舞いにいったら、病院へ通じる墓地のわきの道端で、オオイヌノフグリが三輪咲いていた。墓地の中ではスイセンが花盛りである。帰りに電車を待っていると、ホームの端の方に柔らかそうな緑色のかたまりが見えた。近づいてみると、カラスノエンドウが若いつるをのばして、からまりあい、茂みがもりあがってきたところだった。その中に赤紫色の小さな点が一つ落ちている。花が一つ開いたところだった。

二月十二日　　　　オオイヌノフグリ

病院へ頼まれものを届けにいったので、駅のホームのカラスノエンドウを楽しみにしてのぞいてみたら、あの紅色はもう消えてしまっている。この二、三日寒さがきびしいから、花はしぼんでしまったのだろう。そのかわりオオイヌノフグリは七輪にふえている。やはりカラスノエンドウは三月からの花なのだし、この花はたいてい二月に咲きだすのだから、寒さに対する強さが違うのだ。この明るいるり色の花は摘もうとして手を出すと、すぐにぽろりと散ってしまう。花柄が長く、花弁が花の作りからすれば大きすぎるのかもしれない。オオイヌノフグリを小さな壺に生けてみたいというときには、花の散るのを気にしないで壺に入れて、日当りのいいベランダなどに出しておく。すると、新しい花が壺の中で開いてくれるのだが、夜には閉じてしまう。

花が開いているときに花をよく観察すると、るり色の四枚の花びらには、色が濃くて幅も広い一枚があり、向きあった一枚は白っぽいるり色をしていて、幅が狭い。その左右にある二枚は、ちょうどその間くらいの色あいで四弁とも濃いるり色の筋がある。気にして見る前はただ美しいるり色の花なのだが、よく見れば、どの花もそういう組合せになっているのだから面白い。そして、この花びらの中央に長いめしべが一本と、両脇に二本のおしべがついている。めしべの下にある子房が実になるわけだが、この実は二つにくびれていて、実が二つくっついているように見える。これがふぐりに見えるので、この名前がついてしまった。可愛い花には似合わない名前だと思うが、実につけられたのでは仕方がない。

二月十七日　カナメモチ

笛田の友人の家へ山を越え歩いていった。お化けトンネルの前の急坂を登ってほっとひと息いれたら、春らしい甘い匂いがした。何の匂いだろうかとあたりを見まわすと、目の前の家の塀の下に、手まりのように開いたジンチョウゲがちらりと見えた。少し離れた家の垣根で真っ赤な花があるので近づいてみたら、カナメモチの新芽だった。もう一つの名をアカメモチというくらいだから、新芽は赤くでてきて、もう少したてば燃えるように赤々と新芽がでそろう。花は五月、バラ科の白い花を枝先に集め、秋の終りには赤い実になる。カナメモチというのは、扇の要を作るところからつけられた名前であるといわれている。

二月十八日　オランダミミナグサ

朝、奥の谷戸へいったら、土手の上の方でタチツボスミレが二輪咲いている。土手の中腹ではキュウリグサが小さな三センチほどの茎の先にぽつんと一つだけ空色の花をつけている。ワレモコウの新芽が、ぎざぎざの縁のついた葉を二つ折りにしたまま三つ四つと芽を出し、ツリガネニンジン、フタバハギ、ヨメナも芽を出したばかり、タンポポやノビルは柔らかな葉が茂っていて、キブシを見上げたら、もう黄色く染まりはじめている。裸の枝々の先の方も湿気をおびてもやもやと柔らかい気配が漂いはじめる。寒い寒いと家にこもっている間にもう春がはじまっている。

買い物にでて踏み切りを渡っていたら、線路のわきにオランダミミナグサが白い小さな花をつけている。道路寄りでは、ホトケノザが赤い花の先っぽの紅をちらりとのぞかせている。

二月二十一日　　ハマダイコン

海辺の砂地の土手でハマダイコンが花をつけている。赤紫色の四枚の花弁は、あっさりした十字形で、ひょろりとのびた茎の上にいくつもついている。冬のにごった緑色や、褐色の托葉の間から、この花が咲き出してくると、はっとするほど美しい。

ハマダイコンという名はあるが、肥沃な土地に植えれば、ふつうの大根と同じになるそうだ。しかし、海辺に生えているところでは、花は大根より赤味が強いし、葉ももっと優しい。荒れた地で必死に生きているほうが、無駄なものがつかないということだろうか。

二月二十八日　　ヒイラギナンテン

裏庭でヒイラギナンテンが、クリーム色の花をつけている。

ついこの間まで、茎の頂上に数本の細いヒモが垂れているように見えた。一〇センチほどのヒモには黒い小さな粒々がついていたのだが、今ではその粒々が柔らかい黄色の花となっているのだ。細いヒモには、黄色い小さな花をいくつもつらね、少しそり返るようにして、先っぽを垂れ下げている。そのせいで、この小さな花の集まりは、美しい黄色がもりあがって、流れていくような感じを与える。なにかが動きはじめたという感じがして、気持ちがふっと明るくなる。

小さな花は近くに寄ってみても、数ミリの黄色く丸いかたまりのようにも見える。まだ蕾のようにも見える。しかし、さらに熱心に花びらをばらして眺めてみる。すると、この花は萼九枚、花びらが六枚という重ね着をしているのがわかる。萼は大小いろいろだが、先端は丸くカーブしている。花弁六枚は、どれも先端が二つに割れて、釘抜きの先のようになっている。こんなに小さな花でも、よく見れば自分だけの特徴をはっきりともっている、と改めて感心する。まったく当然のことなのに、なぜか感心してしまう。

あとがき

この歳時記シリーズに、植物で一冊を書くようにすすめられたとき、辞書で「歳時記」をひいてみた。「俳句の季語を分類、解説し、作品例を添えた書物」とあって、これは俳諧歳時記を略して、歳時記といった場合のことである。書きはじめるにあたって、私はまず植物の解説をしたり、詩歌の作品例をあげるのはやめることにした。そうした歳時記は、すでに数多く出版されている。ここでは、私の植物に関する個人的な体験、個人的な感想、個人的な観察をのみ述べたいと思った。しかし、書き終ってみると、随所に解説まがいの記述がみえるのは、私が得たばかりの知識を折にふれ、自分に対して確めなおしておきたいからだった。

各月の終りにつけたメモは、一九七五年から八〇年までの六年間にわたる私のノートをもとにした。発芽や開花の時期が極端に異なった年の例は除くようにした。したがって、メモの中の某月某日は現実のものなのだが、一年を通せば、架空の十二カ月を設定したことになる。

このメモのもとになった六年間には、珍しい植物に出会う旅行も幾度かしたが、ここでは二、三の例外を除けば、私の住んでいる鎌倉市の周辺の、それも私の散歩道の植物を主にとりあげた。自分を取りまく植物の状況を自分の眼に映るように書きとめておきたいと念じていたのだが、成功したのかどうかはわからない。

この原稿を書き終ってすぐ、私は沖縄本島をさらに南下して、八重山群島を旅行した。新年を迎えるというのに、熱帯に近い島々では野生のアサガオ、フヨウ、ヒマワリが咲きノカンナやグンバイヒルガオの花が残っていた。膝の下に見なれていたシダは人間の背丈を超えているし、河口ではヒルギのマングローブが息づまるほど密に林立している。生命が過剰なばかりにあふれている南の島では、植物に対する感想も、また別なものになってしまう。この歳時記はおだやかな温帯の自然に即して書いたものである。と同時に歳時記という形式が温帯の文化だという気がしてならなかった。

一九八一年二月

付記

三十数年前に出版された本書復刊のお知らせをいただいて、久しぶりに自分の著書を読み直してみた。

四十代の私が元気に歩いている。目に映る植物をよく見つめ、目にしたものをより深く知ることを楽しんでいる。まだ若く、健やかだったあの頃の世界は遠くになってしまったが、たしかにそこにあった。一冊をいっ気に読み終えた時には、懐しい世界への旅行記に出会ったような不思議な気持ちにさせられた。

新しい読者の方も豊かな日本の四季をゆっくりと時間をかけて歩いてみて下さい。その道案内になれば幸いです。

甘糟幸子

ま

な

は

た

索　引

著者　甘糟幸子　あまかす　さちこ
1934年、静岡県沼津市に生まれる。早稲田大学文学部中退。
主な著書に『野草の料理』『野生の食卓』『白骨花図鑑』『楽園後刻』など。

装丁／名久井直子
装画／福田利之
校閲／円水社

新装版
花《はな》と草木《くさき》の歳時記《さいじき》
2017年３月13日　初版発行

著　者――甘糟幸子
発行者――小林圭太
発行所――株式会社 CCCメディアハウス
〒153-8541　東京都目黒区目黒１丁目24番12号
電話　販売　03-5436-5721
　　　編集　03-5436-5735
http://books.cccmh.co.jp

印刷・製本　慶昌堂印刷株式会社

©Sachiko Amakasu, 2017
Printed in Japan　ISBN978-4-484-17209-5
落丁・乱丁本はお取替えいたします。